Ortrud Stumpfe

Zwei Brüder in der Dreiheit

ORTRUD STUMPFE

ZWEI BRÜDER IN DER DREIHEIT

Imaginationsübungen an den Grundbildern der Märchen

PHILOSOPHISCH-ANTHROPOSOPHISCHER
VERLAG AM GOETHEANUM

Gesamtherstellung: Hieronymus Mühlberger, Augsburg
ISBN 3-7235-0401-9

INHALT

TEXTE

HELFENDE IMAGINATIONEN

»Schnell ist ein Märchen erzählt – nicht so schnell die Tat getan«, sagen die russischen Märchenerzähler, und auf die Tat, auf das Tun kommt es an: wenn das langsame Erfahren, Erleiden, Erkennen und Erüben vorausgegangen ist. Vom Bild und Weg des Menschen erzählt das Märchen: das Tun ist dann die Sache des Hörers und Lesers. Ihm wurde das Menschenbild dargestellt, zum schrittweisen Nachvollzug vor ihm ausgebreitet. Die Imagination des Märchens *ist*, im Bild gesagt, die Lebensaufgabe des Menschen, aufgefächert in allen seinen Kraftfeldern. Aus der Zweiheit von Erdbindung und Geistsein (»ältere Brüder« und »Jüngster«) wird »unterwegs« die Dreiheit der Persönlichkeitskräfte herausdifferenziert, und es steht zuletzt das wach überschauende, verantwortende Ich da, das die höhere Zweiheit (Geist und Seele) integriert zur freien Wirkeinheit. In ihr ist »Isis-Sophia«, die Weisheit der Weltstrukturen, die Prinzessin vom Schloß der goldnen Sonne, in voller Wachheit hineingeholt.

Die Imaginationen, die im Märchentext den Werdeweg zeigen, rufen alle Felder des Menschseins ins Bewußtsein: das naturhaft physische, das seelische und das geistige. Sie sind nicht alle in jedem Märchen vereint, sondern als klare Übungen verteilt, aber doch sind in jedem echten Märchen die jeweils anderen Feld-Übungen vorausgesetzt oder angedeutet. Echte Märchen sind die im gesamten abendländischen Kreis zwischen Alt-Ägypten und China, vom Ural bis zum Atlantik tradierten Bildgeschichten, die aus Lehrzentren heraus geprägt, erzählt und überliefert wurden. Ihre Form ist klar objektiv, man muß sie vom Ballast spätzeitlicher Erzähler befreien und sich nicht um Tonbandaufnahmen der letzten 80 Jahre kümmern. Von den Kunstmärchen, die nach 1800 entstanden, nach Goethes »Märchen« also, muß man absehen und sie in die Sparte gemütvoller Geschichten oder psychologischer Exkurse einreihen.

Diese Imaginationen kann man durch 4000 Jahre zurückverfolgen, das heißt, sie rufen die menschliche Grundstruktur an, immer wieder, in jedem von uns und zu jeder Zeit. Es ist also ein gewisser, abgrenzbarer *Grundbestand* da gegeben. Etwa dieser (der in den späteren Textbeispielen verdeutlicht werden soll): *Was uns aufbaut, also* der Lichtprozeß (der »Goldkugel« der lichtdurchstrahlten Erde), der Wasserprozeß (in der tropfenrunden Frosch-Sphäre), der Formprozeß (der »Kristallkugel«), der Zeitprozeß (alles dreigliedrigen Werdens und Übens), der Stirb- und Werdeprozeß (in der Asche); und dann das, *was in uns gärt* und zur Kraft gemeistert werden muß, *also* der Seelenprozeß in allen Nuancen, im Dienen an den Dingen und Menschen, ihre Art und Verwandlungen erkennend, im Schweigen und Sichhineinsetzen »in den Baum«, in der unegoistischen Zuwendung zu allen Tieren, im Überwinden des Drachens; und dann das, *was die Meisterschaft zeigt, also* das Reiten auf den drei Pferden, der Sprung hinauf zum Turmfenster der Erkenntniskraft, das Holenkönnen des »Lebenswassers«, um Erstarrtes durchstrahlungsfähig zu machen, das Hereinholen der Lichtkräfte (der Sonnenprinzessin) in das Hier und Jetzt im jeweiligen Umkreis, also die Goldkugel, den Goldapfel der von allen Seiten lichtdurchstrahlten Erde in Händen fühlend halten können.

Im Anschauen dessen, was uns aufbaut, wirkt nicht nur der objektiv zu erfassende Lichtprozeß (»Goldkugel«), sondern sogleich der Anruf an die Läuterung des subjektiven Lebens, an das Kräftefeld der »Astralität«, aller Triebe zum Wollen-Fühlen-Denken, wie das im *Wasserprozeß*, diesem uns ganz durchwirkenden Wäßrigen, in uns verwoben ist. In dieses wogende vitaldynamische Kräftereich zielen »die drei Pfeile« oder spitzen Federn (bei Grimm), es sind die wach gespitzt raffenden Kräfte angerufen, als der Jüngste zur »Zarin Frosch« kommt, die im sumpfig wogenden Gelände auf seine Erkenntnis wartet, daß sie in ihrer Wahrheit die durchwaltende Gestaltungskraft ist, nämlich »Wassilissa die Allweise« (Wassilissa = basilinna = Königin). So muß die Jüngste den ins Wäßrige einwirkenden Goldball dem »Froschkönig« entreißen, und es muß der Königssohn des »Eisenhans« drei lange Einweihungstage am Waldbrunnen meditieren, ihn vor subjektiven

Verwirrungen hüten, bis er zum Gewinn der Goldäpfel den Dienst beginnen kann. Aus dem Wäßrigen heraus sich das Gesamtbewußtsein erarbeiten ist eine langgewußte Aufgabe, Theseus, der dann auf Kreta das »Labyrinth« des Denkprozesses, das Instrument Gehirn, meistert, muß hinabtauchen können in den Meeresgrund, denn der Herr des Wasserprozesses, Poseidon, ist sein »Vater«, sein Ausgangsimpuls. Und Odysseus muß seine zwölf Einweihungsstationen dem großen Poseidon in immer neuen Hemmungen abringen.

So führt die Imagination der Sphäre der »Zarin Frosch« zugleich auch in die Bilder der Seelensphäre hinüber, die zu meistern ist. Und ganz stark ist dieser Übergang zu spüren in der Imagination der *Asche*.

In den Märchen ist die Begegnung mit der Asche immer Besinnungszeit, Stillezeit, meditatives Aussprechenlassen der Dinge und Abläufe. Asche ist der von allen flutenden oder verwirrenden Lebenstrieben reingebrannte Extrakt, in dem nur noch die Mineralstoffe aller Gestalten als feiner Staub zurückbleiben. Doch ist es kein belangloser Staub, er ist differenziert, und viele Medizinen nützen Asche von Pflanzen oder Knochen therapeutisch. Der Vogel Phoinix, so sagte man, stieg in großen Rhythmen immer wieder neu, zu neuen Lebensansätzen aus geistiger Schaukraft, verwandelt aus seiner Asche, in die er sich selbst durch das Feuer geistigen Wollens verwandelt hatte. Findet der scheinbar untätig schauend in der Asche sitzende Jüngste (= die immer junge Kraft), der »Dümmling«, noch feinste Glutkerne, so sind sie der reinliche Belebungspunkt für neue Ansätze. Russische Märchen erzählen vom »Johannes aus der Asche« (Iwan Popjalow), der zwölf Jahre in der Asche lag, während seine Brüder und die Eltern in Haus und Land werkten. Dann stand er auf, schnitt sich die stärkste Keule und tötete den drei-, den sechs-, den neunköpfigen Drachen, der das Licht im Königreich verfinsterte, und er durchschaute die Listen der rächenden Drachin auf der »magischen Flucht«. Er hatte für sich und alle anderen das Licht wiedergewonnen. Und die Norweger berichten immer wieder vom *»Askeladden«* (dem Aschenstocherer), dem Jüngsten, Bruder zu Peter und Paul, der wachte an der Asche und hütete die letzten Glutfunken, damit das neue Feuer am Tag immer wieder leuchte und wärme: eines Tages aber stand er auf und tat die für alle notwendigen Taten und Kämpfe. Der Jüngste in der Asche ist eine typische Ausgangshaltung für den wachen Helden der Märchen. Meditierend erlebt er Vergehen und Werden, Lebensgestalt und Mineralgerüststoff.

Ein anderes Bild für diesen Besinnungsprozeß an der Asche ist das vom *Aschenputtel*, es ruft schärfer schon das Bewußtsein zur Wachheit auf. Das Bild ist überall in Europa bekannt. Es erzählt von drei Brüdern oder drei Schwestern. Im Mittelalter war es dem Redner-Prediger Geiler von Kaisersberg im Elsaß (1445–1519) schon sprichwörtlich vertraut: er nannte es »Eschengrudel«. Martin Luther, um 1521, sprach von den drei Schwestern, von denen die jüngste, das »Aschenprödel«, die rechte Braut (hier die Braut Christi) sei. Im Niederdeutschen wurde erzählt vom »verachteten frommen Aschenpössel, vom holländisch-niederdeutschen »pöseln« = mühsam heraussuchen abgeleitet. Das Aschenputtel aber ist nicht nur das, was die Grimms in Kurzform überlieferten, sondern es ist die Seele, die drei Prüfungen zu leisten hat und die drei farbige Gewänder tragen kann auf den drei Festen des Königs, des Königtums, das es so erwirbt.

Indem der Prüfer oder die Prüferin (hier »die Stiefmutter«) Samenkörner des Lebendigen in den Mineralstaub des Vergangenen und doch auch hilfreich Tragfähigen hineinwirft, ist die wache Unterscheidungskraft des Prüflings angerufen. Schmerzen und Mißachtung ertragend, muß der Erkenntnisprozeß doch durchgeführt werden. Es ist eine Stufe auf dem Reifungsweg der Seele, der »Psyche«; davon berichtete schon *Apulejus* im 2. Jahrhundert n. Chr., als es noch die letzten Myterienkulte gab und die Wahrnehmung für spirituelle Fakten noch relativ deutlich war. Apulejus berichtet in seiner Prüfungsgeschichte, dem Weg der Metamorphosen des »Goldenen Esels« durch die Zeitepoche, die Geschichte von »Amor und Psyche«. Es sind die Prüfungen der Seele (des Weiblichen im Menschen), um zur Verbindung mit dem Geistigen, der kosmischen Liebe zu gelangen. Hinter dem lateinischen Wort

Amor steht der Begriff der pythagoreisch-orphischen Lehre vom Eros als dem Urschöpfer. Apulejus war mit der griechischen Welt vertraut: als Sohn eines römisch-punischen Beamten in Nordafrika studierte er in Athen, unterrichtete in der Rhetorik (eine der Sieben Freien Künste) und wirkte als Rechtsanwalt. Er machte verschiedene Einweihungen durch und wurde in Karthago als Priester des Asklepios zum Sacerdos-Provinzial. Er erkannte seine Zeit in der Dekadenz, der Unmoral, aber auch in der Intensität der kultisch-religiösen Bemühungen, aus denen er uns einige sonst verschwiegene Ritualformeln überlieferte – jenes »Die-Sonne-um-Mitternacht-Schauen« der Isis-Einweihung. Man muß das wissen, um die Aussage der überlieferten Märchensymbolik richtig zu werten. Es waren für ihn, wie alle Heldenmythen, Übungen zur Persönlichkeitsreife des Menschen, der Einigung von Psyche und Geist-Eros zur Ichheit. Des Apulejus Geschichte wirkte durch die folgenden Jahrhunderte weiter. So benannte Claude Lorrain 1664 ein Bild (das heute in der National Gallery London hängt und lange nur als »The Enchanted Castle«, Das verzauberte Schloß, bekannt war) »Landschaft mit Psyche vor dem Schloß Amors«.

So also ist Psyche Urbild zum »Aschenputtel«: Die harte Lehrmeisterin (lateinisch Venus hier, gemäß der in Waffen gerüstet zu den Menschen gekommenen Aphrodite) teilt die Prüfungen zu, die durch die Versuchung der zwei neidischen Schwestern (die Trägheitskräfte in uns) ausgelöst werden. Die erste, grundlegende Prüfung ist es, alle Körnerarten, die Venus in der Asche durcheinandermengt, zu sondern: es werden sieben genannt (Weizen, Gerste, Hirse, Mohn, Erbsen, Linsen, Bohnen). Dabei helfen die Ameisen, diese das Erdreich mit ihren aktivierenden Säuren durchkraftenden selbstlosen Tiere. Es geht um einen genauen Erkenntnisprozeß, eine Übung in der Wachheit des Unterscheidenkönnens. Dann erst folgen zwei andere Prüfungen und endlich der Abstieg in die Unterwelt zu Persephone, und damit die Wende – das Eingreifen des Eros, der nun die Unsterblichkeit der freigelittenen und geübten Seele = Psyche von Zeus erbitten kann.

Das imaginative und dann meditative Anschauen der Asche, im Erleben von Tod und Vergänglichkeit zu Leben und Erneuerung, im Unterscheiden von Lebensgestalt und Mineralbasis, ist eine der Grundübungen der Märchen. (Ein zeitbedingter Hinweis sei eingefügt: Der Psychiater Bruno Bettelheim ging in seinem Buch »Kinder brauchen Märchen« ging von der falschen Voraussetzung aus, Märchen seien für Kinder erzählt, was niemals so war, denn sie waren und sind Persönlichkeitsaufbau des Menschen als Ganzem. So deutet Bettelheim alle Bilder, wie er meint, kindlich und von Sigmund Freud her, also Asche als Zeichen dafür, daß Kinder gern im Dreck spielen und diese Epoche überwinden müssen. Märchen aber sind nicht in erster Linie für Kinder, Asche ist nicht Dreck – und schließlich spielen Kinder nicht im Dreck freiwillig, sondern im gestaltübenden nassen Sand und Lehm.) Den Mineralstaub der Asche warfen sich die Fürsten der Frühzeit in Sumer wie im Alten Testament über das Haupt, meditierten »in Sack und Asche«, wenn eine Unordnung im Land neue Besinnung forderte, also Verwandlung im geistigen Ansatz des Tuns. Und das Kreuz aus Asche, das später die katholischen Kirchenpriester dem Gläubigen am »Aschermittwoch« auf die Stirn zeichnen, meinte eigentlich einmal (als man das noch fühlte) eine geheime Metamorphose, denn es ist die Asche aus den Palmzweigen, die die Menschen schwenkten und als Teppich ausbreiteten, damit der Christus beim Einzug nach Jerusalem zu seinem Todesdurchgang darüber schreiten könne – Palmwedel als Träger der Hingabe der Seelen an den Logos des Sonnensystems. Die Wahrnehmung der Asche gehört im Märchen zu den Imaginationen des Seelenprozesses und ist auch noch zugleich Wahrnehmung der uns tragenden Erscheinungswelt.

Die *Imaginationen des Seelenprozesses* sind in mehreren Aspekten im Märchen gegeben, jeweils mal dieser, mal jener ist vorrangig herausgearbeitet. Man kann skizzieren: Im Baum und am Webstuhl schweigend sitzen durch sieben Jahre; dienen an den Dingen und Abläufen; die Tiere als Helfer gewinnen; die Asche erkennen; den Drachenkampf leisten; die Innen- und Unterwelt erdienen und gewinnen in ihren uns zugedachten Kräften.

Der *Gewinn* ist: man kann die drei Pferde reiten, man kann die Geistkräfte hereinholen in unser Tun (die Lichtprinzessin oder die sieben und zwölf Geistbrüder – einst hieß es, Isis und Horus wirken zusammen das Rechte).

Das langdauernde Eintauchen der Seele ins *Schweigen* nach außen und Horchen auf die geistigen Kräfte und Strukturen und Forderungen ist immanent in vielen der weiten Wege und dienenden Mühen der Märchenhelden. Ganz deutlich steht das Bild von den »zwölf Brüdern« oder den »sechs Schwänen« in den Geschichten (Grimm). Es wird erzählt von der Schwester = Seele, der Dreizehnten Kraft zu den im Umkreis ausgebreiteten zwölf Brüdern: Sie müssen im Rabe-Sein die Kenntnisse sammeln, bis ihre geistige Wesenheit wieder erworben und erkannt ist. Denn die Schwester brach die Lilien im Garten, die unbewußt die kosmische Verbindung gaben. Nun bleiben die Raben nur Funktionsträger, bis in der Seele, leidend und horchend, stumm aufs Wesentliche gesammelt, Erkenntnis reifte. »Rabe« war in den Einweihungsbezeichnungen der erste Grad des weit ausgestrahlten suchenden Blicks, um die Zusammenhänge aus den Einzelheiten erkennen zu können. Die beiden Raben Hugin und Munin (Bedenker und Erinnerer) brachten Odin die Weltnachrichten. Die Bedingung zur vollen Erkenntnisstufe sind die sieben Jahre – einen Lebensrhythmus lang – Schweigen, nicht Lachen, Horchen, die Geistform fügen. Das erfordert den großen Mut, um im Haus des wartenden Königs die Feindschaft der Umwelt zu ertragen, die nur die Stummheit, nicht den Innenvorgang wahrnimmt. Es heißt diesen Außendruck bis zur Fast-Zerstörung ertragen, bis auf dem Scheiterhaufen das Feuer zu züngeln beginnt. Aber nun ist auch das geistige Feuer stark genug – der Mensch kann sprechen, kann aussagen, was er erkannte: Die zwölf Rabenkräfte sind ganz neu Menschenkräfte geworden, die hier und jetzt mit der Dreizehnten Kraft zusammenwirken. Dieser lange Weg begann, indem das Mädchen, den Raben nachschauend und von der weisen Alten unterrichtet, schweigend im Wald auf einen hohen breitästigen *Baum* stieg: in die Lebenssphäre der Bildekräfte, des Ätherkräftefelds sich ganz hineingebend, um dann in der nächsten Stufe, im Menschengetriebe, im Haus des Königs, ihre Arbeit tun zu können und auf der nächsten Stufe den Feuertod annehmen zu wollen, um so endlich auf der letzten Stufe aussagen zu können und ins Tun und Wirken im »Königreich« des Umkreises einzugreifen.

In der Geschichte der »sechs Schwäne« bannt die »Hexe« – der träge hassende Teil im Menschen – die Geistanteiligkeit des Menschen, für die seit je der *Schwan*, der freifliegende Wildschwan, das Symbol war, in die Unfähigkeit einzugreifen ins Erdgeschehen. Es muß die Schwester = Seele aus den »Sternblumen«, den Spiegelungen der Fixsterne, die Gewänder zum Erdenwirken stumm nähen. Aus der rechten Einfügung in die Lebensbildekräfte, *auf dem Baum*, gewinnt sie die Kraft, um im *Haus* des wartenden Königs gegen die Feindschaft der Umwelt, die die Stille, das Schweigen, die große Ernsthaftigkeit von dem Geist abwehrt, die Gewänder zu nähen, und auf dem Scheiterhaufen im siebenten Jahr die Schwankräfte zur Erde bringen, aussprechen zu können.

Dieser *Weg*: Baumhülle, Haus im Alltag, Feuer, Wort, er kann im Bild des im Laubgezweig des winddurchwehten grünenden, blühenden, fruchtenden *Baums* zusammengefaßt werden. Aber als Ganzes gesehen ist es eine *prozessuale Imagination*. Das müssen ja alle Imaginationen des Seelenprozesses, des Astralfeldes also, ihrem Wesen nach sein, da es um ein Werden, Entfalten und Reifen geht. Auch das Dienen an den Dingen ist schrittweise zu tun (das wird später am Beispiel noch deutlich), auch der Kampf mit dem Drachen geschieht schrittweise mit den drei, den sechs, den neun Köpfen. Auch der Gang zu den innererdigen Kräfteherren (im Mittelalter meist Teufel genannt) und der Kampf um die Lichtkräfte dort ist schrittweise zu tun, und das Heimbringen ist wieder dreiheitlich rhythmisiert auf der »magischen Flucht«. Auch Gewinn und Meisterung der drei verschiedenfarbigen Pferde (davon wird später erzählt) ist ein Prozeß des Reifens, und der Weg zur großen Aufgabe führt über die drei Stationen der zu Helfern zu gewinnenden Tiere. Soll das Ziel der Märchenbildlehren erreicht werden – daß die Seele wach als Isis-Sophia den Geist als Horus zum Handeln im Erdbereich bringen kann –, so bedeutet das Durchwandern und Befragen eines weiten Geschehenfeldes also einen Prozeß. Läßt man solche Prozeßbilder in sich ablaufen, so wird man sie doch auf ein zentrales Bild sammeln können, je nach eigener Färbung, so wie etwa der *Lebensbaum* für den ganzen Gewinn der Schweigezeit steht.

Das Stille-Bild und das Bild des Drachenkampfs ergänzen sich – erst zusammen geben sie den Weg des Menschen. Die Meisterung der Triebsphäre, im weitesten Sinn gemeint, die im *Drachen-Bild* erfaßt ist, muß ja immanente Voraussetzung des Schweigewegs sein. Und die Fähigkeit zur schweigenden Wahrnehmung ist Voraussetzung, um den Weg zur Drachenüberwindung und diese selbst als rhythmisches Tun zu leisten. Das gehört zusammen wie Yin und Yang, wie aktiv und passiv, wie Tun und Denken, man kann es auch mit Hegel sagen: »Nicht das eine hat Wahrheit und nicht das andere, sondern das Ganze.« Das Ganze ist dann die Zubereitung des Astralfelds zum Instrument des Geistes.

Im Bild »Drache« ist der Hinweis auf *das Böse* konzentriert. Im Astralfeld – dem Fühlens- und Wollensfeld – unseres Kosmos sind die bösen und die guten Kräfte vorhanden, und im Menschen ist die Fähigkeit und Notwendigkeit der Wahl. Werden die aus dem Kosmosfeld einwirkenden Kräfte des Drachen Hinderer des Guten (Satanas-Hinderer), so wirken sie notwendig als Zerstörer. Man muß sie erkennen und überwinden, sich in den guten Kräften stark dazu machen. Die vom Drachen ausstrahlende Verführung zeigt sich in den »beiden älteren Brüdern« oder Fürstendienern: sie sehen den Ruhm des Siegs mit Neid, sie versuchen, den Sieger zu töten (er wird durch die in Liebe zur Hilfe gewonnenen Tiere auf neuer Wachheitsstufe erweckt), und usurpieren lügenhaft den Siegespreis. Es wird auch die fortdauernde Wachheitskrise aufgezeigt: Der Held kann im Rückfall in gedankenlos kraftgenießendes Sein sich für »die Hexe« versuchbar machen, sie bannt ihn in den Erstarrungsprozeß, der aus dem Leben herausfällt, und nur der strengste Anruf an die geistige Kraft (den oberen Bruder) löst aus dem Bann. Die Absurdität der Drachenform, die disharmonische Nichtangemessenheit den Naturordnungen, das zeigt die Feindschaft zum flutenden Lebensprozeß, der das Reifen von Seele und Geist im Menschen trägt.

Man muß das Bild *Drache* von dem Bild *Schlange* trennen, um Nutzen davon zu haben. Die meisten Ethnologen und Mythologen werfen dies beides zusammen und können dann keine der Funktionen erkennen. Die Schlange ist ein materiell gegebenes Tierwesen; man nahm es wahr, als eng die Erde umgleitend und als erstes Tier die Nerven im Wirbelsäulenrohr bündelnd. Man fühlte, richte ich es auf, so spricht es über meinem Haupt mir hilfreich die Erdweisheiten zu. Das war die Imagination der das Bewußtsein entfaltenden Kulturen seit dem alten Sumer und Ägypten. So spricht die Schlange, die giftige Uräusschlange, über dem Haupt des repräsentativen Menschen Ägyptens – des Pharao –, so über den Thronsesseln Kretas und des frühen Griechenlands, so auch ist sie selbst der Sessel des Buddha in Indien und, über seinem Kopf ausgefächert, hält sie schützend ihren Kopf. So ist die am Lebensbaum aufgerichtete Schlange Luzifer, der gefährliche, aber nötige Anruf zur wachen Erkenntnisstufe des Menschen. Wache Erkenntnis und Erdmeisterung fordert und übt das Märchen aller dieser Völker, in ihm ist darum die Schlange kaum je Bild, sondern immanenter Anruf.

Denn die Märchenhelden und -heldinnen sind volle Wachheit, es gibt keine Trance für sie, auch der »Heldenschlaf«, in dem die verantwortungsflüchtigen Trägheitskräfte ihm den Erwerb noch einmal zu rauben versuchen, ist nicht Trance, sondern geschieht nach der Tat, die in vollem Bewußtsein geschah. Der Held der russischen Märchen ruft den Drachen an und herauf zum Kampf: »Du, unreine Kraft –«! Er kommt, »um dich, unreine Kraft, zu schauen, deine Stärke zu prüfen«. Wachheit herrscht auch auf dem, was die Fachforscher »magische Flucht« nennen: Der Held hat die Lichtkräfte, die Tochter des Unterweltsherrn oder der Drachenmutter, erdient und flieht vor den nachdrängenden Gewalten, dreimal siegend. Im Gespräch mit der erworbenen Seelenkraft, die er zur Aufmerksamkeit anruft, erfährt er, wenn das andere naht: Er wirft »den Kamm«, die unterscheidende strahlende Denkkraft setzt er ein (es entsteht »der Wald« als Dickichthindernis), er wirft den »Wetzstein« der schärfsten Wachheits-Kräfte (das Schluchtengebirge entsteht), er wirft das große weiße Tuch, das sich leuchtend über die Dinge breitet wie Lichtkraft (es entsteht »der See« des Ertrinkens der feindlichen Dunkelkräfte). Auch Dornröschen liegt nicht in Trance: Die Dreizehnte Fee ist ja immer die zur harten Erkenntnisarbeit aufrufende Kraft, und da die Seele den Weg hinaufstieg ins Gehirndenken, »in die Turmstube«, beginnt die Epoche der dornstachligen, vordergründigen Gedankenarbeit, Schlaf des höheren Geistes nur so lange, bis diese Wirrnisse gelichtet sind; dann fallen die Dornen, es blüht, der Prinz-Geist erscheint in voller Kraft und Wachheit.

Wachheit ist dem Drachen gegenüber so nötig wie Mut und die aus allen Erdkräften genährte leibliche Kraft. Das Bild *Drache* ist eine Gestalt des Astralbereichs, Rudolf Steiner bezeichnete es als astrale Gestalt des Ahriman, der hier als der Versucher zu den Triebhaftigkeiten des Egoismus, der Machtlust, der geistigen Trägheit wirkt. Wer den Kampf damit bestehen will, muß weite Wege des Fragens, Erkennens und Liebens gehen. Man kann als Imagination einer Vorübung die Märchen von der Erlösung aus der Tiergestalt (Fachforscher nennen es die Geschichten vom »Tierbräutigam«) nehmen. Da ist die Geistanteiligkeit des Menschen noch gebannt in irgendeine tierverwandte Typik – als Löwe des Atem- und Blutrhythmus im »Singenden springenden Löweneggerschen« bei Grimm oder als Falke des zu raschen Denkaufstiegs im russischen Märchen vom »Falken Finist«, als Bär, Eisbär oder Untier schlechthin. Die fühlende, geistwollende Seele muß das überwinden. Lange harte Wege sind nötig durch weite Frageräume und zur verführenden Geheimkammer im Menscheninneren – der »falschen Prinzessin«. Diese Imaginationen, so etwa die des Falken Finist, dessen verflüchtigende, aber helle Kraft hereingeholt wird ins Hier und Jetzt, sind starke Hilfen. Aber erst, wenn sie immanent vorausgesetzt sind in der Bildgeschichte, erscheint die große Versucherkraft der harten Egoismus-Triebe des *»Drachen«*. Nur von der hellsehenden Fähigkeit im alten China einer späten ausklingenden TAO-Lehre wurde der Drache noch als kosmisch helfend einbezogene Kraft erfaßt. Der abendländische Bewußtseinsweg hatte andere Erfahrungen zu machen.

Um sie zu erkennen, muß man in den europäischen Märchen die im kirchlichen Mittelalter geschehene Vermischung von Drache, »Teufel«, Naturherr, Unterwelts-Teufelsgroßmutter durchsichtig machen. Die kirchlich gelenkte Deformierung der naturleitenden Götter und Wesen hat sie mit dem Namen Teufel belegt, der ja nur der Triebsphäre entspricht. Der Jüngste, der in der Grimmschen Überlieferung von »Des Teufels drei goldnen Haaren« eben zum Teufel geht, um die Nachbarschaftssorgen zu lösen, geht in der chinesischen und der thailändischen Fassung derselben Geschichte zum »himmlischen Jadekaiser«, also dem mächtigen, guten Leiter der Naturvorgänge im Erdkreis. Mit diesen Unterweltsaufträgen war also ursprünglich und ist immer das Eindringen und Erkennen der Zusammenhänge der Naturprozesse gemeint. Da ist »des Teufels Großmutter«, die »Ellermutter« (= Urmutter), oft auch die Drachenmutter genannt, doch die Kennerin der Naturkräfte. Es klingt in dem Typ nach, den man einst Frau Holle nannte oder die Riesinnen, die Odin befragte, oder die Demeter und ihre von Zeus gezeugte Tochter Persephone.

Aber durch dieses Reich der Tiefenkenntnisse muß der Drachenbesieger immanent oder offen hindurchgehen. Zum Drachen muß der Held im russischen Märchen die Erkenntnis der Naturstrukturen mit seiner eigenen Läuterung zugleich ganz gewinnen, muß also die Täuschungen im Außen und im Innen löschen. So muß er durch die Reiche der *»drei Baba Jagas«*, der gefährlichen, aber weisen und helfenden Kräfte hindurch. Sie sind dem Mutigen ratende Hüterinnen in den immer tieferen Tiefen der Natur. Die Griechen nannten sie einst »die drei Graien« (= »Grauen«, Uralten, Wächterwesen vor der Bann- und Todgewalt der Natur), die der Perseus erkennen und befragen mußte, um die eine der drei Gorgonen, die Medusa, ins Menschenerkennen hinein meistern zu können. Das sind weite Wege der Wahrnehmungen: »Schnell ist ein Märchen erzählt, nicht so schnell die Tat getan.« Wahrnehmungen der Gewalten der Natur und der Seele sind es. Wälderdickicht, Dornen, Steppe, Wüste, Wasserstürze im Gebirge, Stürme, Schnee und Eis, die Tiere überall, die dunkle Kraft der braunen Erde, die auf die Saat wartet, um mit Sonnenlicht und Wolkenwasser die grünen atmenden Blätter, Blüten und nährenden Früchte werden zu lassen; duftende blühende Apfelwiesen, Kräuter und Vogelgesang, Stimmen aller Art, Sterne und Mond, Morgenröte und

Abendröte, Licht und schwarzes Dunkel und Kälte und Hitze. Es gibt so vieles zu erleben, erleiden, zu erkennen. Und ebenso ist zu er-fahren, er-kennen, ver-wandeln: die Abgründe-Welt der Seele.

Durch die weiten Gebiete der drei Uralten, der Graien, der Baba Jagas, führt der immer wieder selbstgewollte Weg. Zum Drachen oder zum Hereinholen der »unaussprechlichen Schönheit« des Lichtreichs (wofür die Drachenbesiegung, auch ungenannt, die immanente Voraussetzung ist) führt der Weg der Außen- und Innenwelt-Erkenntnis. Und er muß immer wieder in immer neue Regionen beschritten werden, so wie danach der Drache dreifach gemeistert werden muß: das wuchert, es sind erst nur drei Häupter, die in Denken, Fühlen und Wollen gelöscht werden müssen, es sind dann sechs, es sind dann neun Häupter. Ist das getan, hat man die Übung der höchsten Aufmerksamkeit erworben, dann ist man frei, kann im eigenen Bereich, »im eigenen Reich«, die guten Kräfte frei auswirken und behält das Bild des Drachen in sich als die immer wache Warnung jener großen Kraft des »unreinen« Geistes, den man herausgerufen hatte aus Schlammwassern des Dickichts.

So sind da *die helfenden Imaginationen* des Märchens: aus dem, was uns trägt, ist es – der goldene Ball, der Wasserprozeß des Froschkönigs und der Wassilissa, die Formsphäre der Kristallkugel; und aus dem, was in uns gärt als Seelenprozeß – der Baum des Schweigens, das Dienen im Lebensprozeß, die Hilfe der Tiere aus Erde, Luft und Wasser, der Kampf mit dem Drachen, das Meistern der drei Pferde. *Das Ziel* ist das Zusammenwirken der Isis-Sophia und der Horus-Falkenkraft im einen Menschen, in mir, in jedem. Denn die Gestalten der Märchen sind Kräfte in jedem einzelnen Menschen. Im einen Menschen sprechen alle diese Gestalten und kämpfen und siegen.

Diese so aufgezählten Bilder sind nicht abstrakte Kurzformel, sondern *man muß jede dieser Imaginationen selbst aufbauen*. Bedingung ist, daß man die jeweiligen Bilder der Märchen und Mythen und die assoziierten Fakten genau anschaut, beobachtet nach Gestalt, Wesen, Wirkkreis. In den echten Märchen ist nichts austauschbar, sondern spricht sein Wort im Satzgefüge. So genau muß man auch vorgehen beim Aufbau der Imagination. So fügt sich zur Imagination des »*Goldenen Balls*« zusammen, was zusammengehört: die Erde ist durchstrahlt von allen Seiten von den Sonnenkräften, sie rufen die Pflanzen hervor rings um die Erde, die Bäume, die Sträucher, die Blumen, die Gemüse, die Getreide, die Waldgefüge, die Wiesen. Diesen goldenen Ball fühlt man endlich in den Händen, wie in offner Schale, fühlt Wärme, golden durchlichtete Wärme, Freude, Erstaunen: Das Echo muß individuell sein. Der Aufbau ist Gedächtnis- und Gedankenvorstellung, aber die Goldkugel wird zum Erleben, man fühlt sie meditativ durch jenseits des Denkens, man löst die Imagination auf, ruht im reinen Erleben. Das ist der Weg.

Baut man die *Wassertropfen*-Imagination auf, erkennt die Erde und alle Gestalten darauf als wasserdurchzogen, fühlt man lebendige Kühle, die Frische, die man kennt vom Schwimmen in einem See in der Landschaft: man *ist* nun in der durchfluteten Kugel, in dieser kühlen Frische. Löst die Imagination auf, erlebt nach. Baut man die *Kristallkugel* auf, ist es wieder anders (davon wird später berichtet), denn das Kristallgeschehen der großen Formgewalten durchstrahlt die Erde aus dem gesamten Umkreis von weit her und weithin, es ist ein schwereloses Schweben wie ein Luftgespinst der Möglichkeiten im Weltenraum: selbst Formgespinst, schaut man ins Ganze dynamischer Formwillen.

Hat man so auf je eigene Weise die Imaginationen einmal aufgebaut aus den Andeutungen der alten Bildsprachen, so bleibt die Erweiterung des Erlebnisraums uns erhalten. Liest man dann und wann einmal wieder ein Märchen, dann ist ohne Aufsplitterung der Geschichte das Erlebte in uns erinnert da, es bereichert den Tag. Man kann auch die Dynamik von Gegenbewegungen so erleben, etwa wenn man das Bild der »*Asche*« befragt: dem mineralischen Extrakt antwortet in neuer Fruchtbarkeit die braune Erde, man fühlt sich als kraftdurchwirkte lebendige Gestalt. In ihr verwirklichen sich Licht-, Wasser- und Formprozesse.

Imagination ist Zusammenraffung verschiedener, aber zusammengehöriger Seinsvorgänge in eine »*imago*«, ein Bild, das Abstand gibt, aber die fluktuierende Ganzheit der Seinsprozesse auf einer höheren, lebendigen Ebene fühlbar macht. Rudolf Steiner wies darauf hin, daß die Kraft der Imagination eben bewirke, das

Denken wieder so lebendig zu machen, den Vorgang des Denkens aus dem nur physischen Feld in das Bildekräftefeld (= »Ätherleib«) zu bringen, daß es eingreifen kann in die Wirklichkeit. Man überläßt dann die Wirklichkeit, das aktive Tun, nicht mehr den Willensimpulsen der Triebe, sondern läßt die Bewußtseinsseele reifen, die das Ich zur überschauenden Aktivität bringen kann. Siehe Rudolf Steiner: »Perspektiven der Menschheitsentwicklung« (Bibl.-Nr. 204).

Daß in allen diesen Aussagen der Bildlehren die Frage-und-Antwort-Spannung aus dem Thema *Polarität und Dreiheit* immanent oder offen enthalten ist, war von früh an den Menschen deutlich. Das ist das komplexe Grundthema für uns. Zwischen und aus dem Zusammenschwingen von Geist und Seele oder belebter Leiblichkeit und beseeltem Geist verwirklicht sich das Wesen Mensch als Ichträger. Im Märchen wird diese Einheit aus Zweiheit erreicht durch die Dreiheit der drei Prüfungen, der Tierfreunde aus den drei Naturreichen, den drei Farben, den drei Pferden. Vom ägyptischen »Zwei-Brüder-Märchen« an läßt sich dies Wissen erkennen. Der Nachvollzug ist nicht einfach, eher hart zu nennen, aber er übt die lockere Geschmeidigkeit des Vorstellens, der Kraft zur Imagination. Die Menschen der frühen Kulturen erlebten die Zahlheiten als Kräfte, als dynamis. Heute kommt man dem ahnend wieder nah, da die Zahlen als Grundbedingungen in den Lebensprozessen den Physikern überall begegnen. Alle diese Zahlenkräfte gehören zum Gelingen des Lebens. So ist die Zweiheit eine bestimmte Spannung und so auch und anders die Dreiheit. Beide müssen wirken. Die Wesenheiten der Zahlheiten führen zur Auffaltung der Möglichkeiten durch den erkennenden Menschen, der Ichheit, einer Einsheit mit den drei Aspekten Fühlen – Denken – Wollen. Das ist die humane Zielung der Märchen.

Die alten Chinesen in ihrer instinktiven Weisheit nannten das »Yin-Yang«, die dynamischen Polaritäten aller Art also, das sie der Kugelsphäre einzeichneten: das *»tai-chi«*, d. h. den »Firstbalken«, er trägt das Dach. Das Dach des Hauses ist der umfassende schützende Himmel in Erdspiegelung, und an den beiden Toren des Hauses, dem vorderen und dem hinteren Tor, waren dort der aufsteigende und hier der herabsteigende Drache der himmlischen Lebenskräfte als Erinnerung dargestellt. Das alles muß in den Bewußtseinskulturen der Erde ins deutliche Durchdenken, Durchfühlen und Wollen geholt werden, und das kennzeichnet die Lehrgespräche seit je. So durchwirkt die Polarität die Märchen als Prinzessin-Seele und Prinz-Geist, als meditatives Fühlen im Baumschweigen und wollende Gestalten im Drachensieg, als Innenwendung der Läuterungsprüfungen und als Außenweg durch die Reiche der Naturkräfte, als Weibliches und Männliches im einen Menschen befragt.

Die Funktionen des Weiblichen und des Männlichen kann man im Märchen so klar erkennen wie ihre menschliche Einheit; das genau zu sehen ist heute zeit- und das heißt bewußtseinsgeschichtlich bedingt nötig. Das Instrument der Logik, also der schrittweisen Abgrenzung und Verbindung der Begriffe aller beobachteten Dinge und Vorgänge, wurde in einem bestimmten Reifemoment der Bewußtseinsgeschichte nötig und möglich: das war die griechische Epoche und eine vorerst griechische Leistung. Sie ruhte auf dem wachgefühlten Aufbau der Weltbeobachtungen der vorhergehenden Epochen, forderte nun aber die vordergründige Bewertung der vordergründigen Erscheinungen. Die Sache des bloßen rationalen Gehirndenkens war gefordert. Das entspricht mehr dem männlichen Konstitutionssystem im Menschen. Diese Epoche des Aufbaus der logischen Methoden ist geleistet, es steht nun die Frage nach den Hintergründen der Strukturen und nach der Sinnhaftigkeit offen. Damit ist nun die Fähigkeit zu einer intensiven fühlenden Wahrnehmung auf neuer Ebene gefordert. Sie muß heute und morgen bewußt geleistet und entfaltet werden, während sie einst in der vorgriechischen Epoche von Sumer und Ägypten intuitiv aus einer elementar hellseherischen Kraft heraus wirkte. Die Welle des »Feminismus«, die heute die Sicht auf die letzten 3000 Jahre verzerrt, spürt dem Richtigen nach, aber auf falschem Weg, der zurück in ein anscheinend urzeitlich gewesenes Matriarchat strebt. Das würde die dynamische Synthese verfehlen, die in der Zukunft nötig ist. Wegen dieses aus unbefragten Geltungstrieben genährten Verwirrspiels des Zeitmoments ist es nötig, sich klarzumachen, daß die Leitbilder, die unterschwellig uns durch die Jahrhunderte andeutend führten, nie einseitig waren.

Immer sind im Märchen der weibliche und der männliche Ansatz gemeinsam da. Die sinnwissende fühlende Seele wartet auf den willenshaft tätigen Geist, oder der willenshafte Geist sucht die sinnwissend fühlende Seelenkraft in sich. Einmal ist die Frau (als Jüngste oder als Prinzessin oder als Prüferin) kämpfend oder sinnfragend in Meditation die Aktivistin, und ebensooft ist der Mann (als Jüngster oder Prinz oder Prüfer) prüfungsmutig und kämpfend der Aktivist, der aber immer, und das ist zentral, nach dem Hereinholen des Weiblichen, also der schauenden, lichthaften Kraft der Seele, Kraft fühlenden Wahrnehmens, auszieht zu seinen Taten. Darin ist immanent die Notwendigkeit der Verwandlung des nur rational vordergründigen Gehirndenkens gefordert, wie es die *»Turmsprung«*-Übung präzis abbildet, zur Imagination formt.

Das Bild ist uns früh überliefert, in Ägypten um 1350 v. Chr. zuerst aufgeschrieben (Nr. 4 in den »Ägyptischen Märchen«, »Der verwunschene Prinz«). Die Fürstentochter, im »Turm« der Leiblichkeit eingeschlossen vom Vater, ist nur dem in Wahrheit gegeben, der zum hohen Turmfenster hinauf springen kann: da schaut die wache Kraft der fühlend-denkend-wahrnehmenden Seele heraus. Es geht um die Sensibilisierung der Intelligenz; sie fordert die Übung und Steigerung aller personalen Kräfte. Damit aber hat der Mensch – im Bild die Prinzessin-Seele nun als seine Partnerin – die Macht über die karmischen Belastungen des Schicksals erlangt, mit denen er jetzt wach ringen kann. Dieser in sein Karma »verwunschene« Prinz ist ein gottgegebenes Wunschkind, wie später so viele Märchenkinder, also das bewußt von »den Eltern«, den beiden männlich-weiblichen Komponenten des Menschen, zur Aktivität des Werdens herausgesetzte Ich. Das Bild, die Imagination des Turmsprungs, wurde seitdem in vielen Märchen aller europäischen Länder erzählt und dem Hörer eingeprägt. Der Prinz-Jüngste springt, später mit der Hilfe der gemeisterten Naturintelligenz, dem Pferd, und tut das in den drei Tagen der Prüfung in rhythmischer Erhöhung, bis er die Stirn der Prinzessin küssen kann und sie ihm den Goldring gibt oder das Seidentuch.

Man kann, extrem formuliert, sagen, im Märchen wie im Mythos ist das Weibliche das eigentlich Mächtige, als Ziel oder als Anleitende oder als bewirkende Akteurin. Im Mythos sind die Göttinnen die Schützenden oder die Leitlinie. Die Helena ist die griechische Seelenkraft, und der Weg des Odysseus geht – um dieser Helena willen in Gemeinsamkeit beschritten erst – von Penelope zu Penelope, gelehrt von Kirke der Tochter des Helios und Kalypso, der Titanentochter, und Nausikaa, der Unsterblichen. So wie Pythagoras, der große Eingeweihte um 600 v. Chr., die Frau in seinem Schülerkreis völlig gleichkräftig einbezog, also die notwendige zeitweilige Einseitigkeit des vordergründigen Überbewertens und Übens der Logik integrierend an sich vorüberlaufen ließ, so auch tragen die Märchen die Bilder der Einheit des Ich-Seins aus weiblicher und männlicher Erlebensweise durch die Jahrtausende. Man kann die Bildsituationen nur aus dieser Frage nach dem Menschen in seinem polaren Sein heraus verstehen und im eigenen Inneren ausklingen lassen. Um die Polarität fruchtbar zu machen, muß die Dreiheit erübt und erkannt werden.

Man erlebt die Polarität als Ausgangssituation in vielen Aspekten im Märchen. Es gibt sie auch in der Spannung zwischen dem Jüngsten (der immerjungen Kraft des Menschen) und den zwei älteren Brüdern, die träge sind, genußsüchtig und die Erfolge des Jüngsten für sich mißbrauchen wollen, oft ihn dafür opfern. Oder es steht der bannende und widerwillige Vater im Weg oder die bannende egoistische »Stiefmutter«. Aus solcher Polarität des Kräftespiels im einzelnen Menschen (in dem das alles ja spielt) muß das übergreifende Dritte erworben werden. Dies und die zuvor genannten Beispiele und manches andere zeigen die lebendige Ausgangsposition des Menschseins. In der frühzeitlichen Wahrnehmung der Strukturen findet es sich, heute nur im Nachklang, im Aufbau des Tempels im Lamaismus, der Buddhismusvariation Tibets. Es sind im Quadrat (= symbolische Projektion des Erdkubus) des Tempels die Opferschalen aufgebaut zum rituellen Vollzug dieser im Gedanken nachvollzogenen Hinwendungen: es sind die acht äußeren Opfer (gemäß der irdischen Achtheit der Himmelsrichtungen und Kräfte, denen einst die »Achtheit der Götter« im Mittleren Reich Ägyptens entsprach in Theben und Schmun-Hermupolis), und es sind die drei inneren Opfer zu bringen zum Meistern der Zweiheit, der Polarität. Diese drei Opferschalen enthalten: die eine Medizinkräuter, die andere Speise, die dritte Blut oder Pflanzensaft. Man kann darin angesprochen fühlen den Ätherleib, den physischen und den astralischen Leib des Menschen.

Psychisch-physische Spannung und funktionelle Strukturierung der dynamischen Verarbeitung des ausgelösten Prozesses im Ich, das tritt mit der ägyptischen Kulturepoche ins menschliche individualisierte Erleben herauf. Davon berichtet etwa das »Zwei-Brüder-Märchen«.

DAS ZWEI-BRÜDER-MÄRCHEN

Es ist eine der ältesten Bildfolgen und ein heute neu wieder erfaßbares Lehrstück, um in die Flüssigkeit des imaginativen Vorgangs hineinzukommen. Denn – das soll noch einmal in Erinnerung gebracht werden – Märchensymbolik ist, auf allgemein menschlichen Grundfakten und -fragen aufbauend, von geschulten Meistergruppen der frühen Zeiten gerafft zubereitet und in die gedächtnisstarke Überlieferung der Hörenden gegeben, gezielt auf die Ichwerdung des Menschen in der Weltbezogenheit. Es ist »Volksmärchen« nur insofern, als es unter den Menschen der Völker weitererzählt und manchmal ausgeschmückt wurde, aber nie aus dem Verlegenheitsbegriff der Fachleute, der »Volksphantasie«, entstanden. Nur für den objektiv geformten Typ persönlichkeitsbildender Gesamtabläufe von Bildern steht der Terminus Märchen (althochdeutsch mär = besondere, wichtige Begebenheit), geworden zwischen Ägypten und Sumer, dem Vorderen Orient bis Ostasien, zwischen Ural und Atlantik, klar geprägt in Europa. Die Ichwerdung des Menschen bedingt das Gespräch zwischen materiell faßbarem und geistigem Sein, wie es die Imagination einleitet. Dem Beispiel des »Brüder-Märchens« folgen hier einige Variationen desselben Themas, als Übung, um die Bilder umzubilden und die imaginierten Fakten anzuschauen in ihren verschiedenen Aspekten.

Man lasse die erzählten Bildabläufe in sich wirken, sie mitfühlend und von einem zum anderen gleitend: auf diesen beweglichen Prozeß kommt es an. *Die Bitte* heißt also: Im Erschlüsseln und Übersetzen erst einmal einfach mitgehen, flüsssig gleitend, ohne zu grübeln, nur den Bildablauf und seine Verwandlungen auf und in sich wirken zu lassen. Denn die Imagination ist mehr als die daraus ableitbare (und auch notwendige) Abstraktion und mehr als das isolierte äußere Faktum, dem sie antwortet (und das man genau erkennen muß). Danach: alles vergessen, und im Abstand einmal die Märchen nachlesen, jetzt aber nur bild-erlebend

– sie nehmen dann im Strömen die jeweiligen Tagesrealitäten mit und offenbaren ihre Wesentlichkeiten.

Als Vorübung zum Verstehen soll hier nun mit dem zugrunde liegenden *Faktum* angefangen werden, nicht mit dem dazu überlieferten Bild (= Imagination). *Das Faktum zum Zwei-Brüder-Märchen Ägyptens* heißt: Ein Mensch, der im alten Ägypten Pharao werden sollte (also ein König seines Umkreises), das heißt »das große Haus«, in dem alle Mitmenschen zwischen Himmel und Erde leben und gedeihen konnten – dieser Mensch hatte einen langen Schulungsweg zu gehen, um erst einmal Meister über sich selbst und Erkenner der Welt zu werden. Die Menschen jener Epoche – also wir alle, denn das lebt in uns, und wir lebten es damals nah oder fern mit – fühlten sich nicht als isolierte Körper organischer intelligenzfähiger Materie, sondern ganz durchströmt vom Kosmos her und allen seinen Wesenheiten. Sollte der Pharao-Initiand also sich selbst erkennen in seinem Gefüge, so lebte er zugleich in allen Erscheinungen der Erde und Umwelt mit. Und indem er im Verlauf der Lehr- und Prüfungszeiten der Einweihung lernte, sein Ich vom Körper zu distanzieren, also »die physischen Werkzeuge als Objekt vor sich hatte« (in Rudolf Steiners »Antworten der Geisteswissenschaft ...«, Vortrag vom 16. Febr. 1911), wurde es ihm zur Erfahrung, daß die äußeren Prozesse auch in ihm konzentriert abliefen. Er erfuhr, daß die Lebensprozesse der pflanzlichen Welt auch durch ihn hindurchgingen und um ihn selbst herum gerafft waren als sein eigenes Kräftefeld, der vegetativen, der »Lebensbildekräfte«. Und es wurde dem Pharao (und jedem Initianden seines Kreises) auch das aus dem Gestirnsumkreis einstrahlende Impuls-Feld, dessen differenzierte Kräfte sich in Instinkthaftigkeit oder Triebhaftigkeit des Fühlens – Wollens – Denkens auswirken, bewußt und verlangte nach Meisterung. In der Außenwelt sah man das als Tiertypen fixiert ausgebreitet und vergegenwärtigte sie sich in den großen Symbolen der geflügelten Tierwesen. Die Meisterung dieses »Astralleibes« (des Felds der Gestirnsgötterwirkungen im seelischen Nachvollzug) geschieht vom Ich aus, von der souveränen geistigen Persönlichkeit im Sein, und stellt sich dann dar im Feld der physischen mineralischen Körperlichkeit der Menschenwelt, die der Pharao zu ordnen und zu leiten hatte. Durch den Übungsweg hatte er die Möglichkeit erworben, um das 30 Jahre lang richtig zu tun, ein normales Wirk-Alter lang, gleich der Zeit, die der äußerste Planet des Sonnensystems (damals, ehe Uranus und Neptun eintraten), der Saturn, braucht, um einmal den ganzen differenzierten Kräftekreis der Fixsterngruppen des Tierkreises zu durchwandern. Man fühlte das als ein Wandern durch Götterwirkungen. Nach solchen 30 Jahren mußte der Pharao sich in neuer Prüfung unter Beweis stellen (im »Sed«-Fest geschah das).

Dieses Dreikräfte-Feld war der Raum, den man sehr gut kennen mußte, denn darin spielt sich ein vielschichtiges Konzert von Stimmen und ihren Wirkungen ab. Die Ägypter unterschieden etwa sieben bis neun Seelenbestandteile, die sich nach dem Tod sonderten und im Geistbereich die Erfahrung des Durchgangs durch Pflanze- und Tier-Sein aktiv machten: davon berichteten die Texte des Totenbuchs. Auch die alten Chinesen unterschieden diese Stimmen. Aus der Tradition klang es in chinesischen Märchen etwa so nach: »Seine drei Geister und sieben Seelen zerstreuten sich« (»Chinesische Märchen«, Nr. 18, »Notsch«). Die drei Geister empfand man dort als von über dem Haupt hereinwirkend. In Griechenland erkannte noch Aristoteles die Gliederung in die Kräftefelder: die »pflanzenhafte Seele« (= threptikon), dem Ka der Ägypter entsprechend, die empfindende Seele (= aesthetikon), die begierdenentwickelnde Seele (= orektikon), die man beide zusammen als zwei Seiten des Astralfelds sehen kann, dazu eine willenshafte Seele (= kinetikon) und die geistige Seelenkraft (= dianoetikon), dem Ich-Feld, Ichträger entsprechend. Solche Gliederungen wurden in Indien seit je durchgeübt. Diese alten Erfahrungstermini der Wesensstruktur wurden nun um 1900 von Rudolf Steiner befragt, aufgefaltet und ganz neu anwendbar gemacht in Pädagogik, Therapie, Lebensführung. Es muß heute wach durchdacht und durchfühlt werden. Einst, in ägyptischer Zeit empfand und sah man von selbst die geistigen Wesenheiten in allen diesen Kraftfeldern wirken, Kraftfeldern, die im Menschen individualisiert und zum Ich harmonisiert werden sollten. Man fühlte im

Menschen zusammengefaßt im dreifältigen Aktionsbereich: Bildekräftefeld, Astralfeld, Ich – oder aber, auf der Erde ausgewirkt in dreifachem Ansatz als Denken – Fühlen – Wollen, an der Physis abfedernd vom dirigierenden Ich her.

Im physischen Feld muß (als »König« = Pharao) dynamisch gehandelt und verwandelt werden. Die Lebensbildekräfte müssen in reinlichem Erkennen wach einverleibt werden in den Lebensprozeß als Basis alles Handelns. Die Triebkräfte des Astralfelds müssen mutvoll angeschaut und gemeistert werden: So schauten die Ägypter (wir damals) die mächtigen Gestalten der Apis-Stiere an (Apis = »der Eilende«, der im Frühlingslauf über die Felder getrieben die Fruchtbarkeit im Lebensablauf aktivierte), und so legten der Pharao und die Oberpriester sich die Raubtierfelle um die Schultern als Zeichen der Meisterung, denn sie selbst hatten alles tierische Haar geschoren und standen nackt und in reiner Gestalt, Bild des Urgeschöpfs Mensch, im Kult vor den Göttern.

Wenn man jetzt dieses ganze Faktum der Lehre des Pharao umsetzt oder eben erlebt in Bildern, wie das damals geschah, befindet man sich zugleich in einem Ausstrahlungspunkt vieler späterer Bildgeschichten der Märchen, in denen es ja immer um das Kernanliegen des Menschen geht: Verantwortungsübernahme als Ich, als Eigenperson, Königwerden in seinem Bereich. Die Ausbilderung der drei Aktionsfelder wird später anders getan, gedanklich abgegrenzt. Hier geschieht sie noch ganz elementar im Flüssigen, in der Fülle des Welterlebens. Aufgeschrieben wurde das Märchen von den zwei Brüdern in Ägypten (s. »Altägyptische Märchen«, Nr, 5, Diederichs-Reihe) auf einem Papyrus im Ende der 19. Dynastie, um 1200 v. Chr., vom Schreiber Ennana. Damals war parallel in Griechenland die Mykene-Epoche auf dem Höhepunkt, die Überwindung Trojas in Gang. Aber sicher ist die Tradition der Bildgeschichte älter. Das Bild-Element der Versuchung des Jüngeren durch die Frau des Älteren entspricht der Versuchung des Joseph durch die Frau des Priesters, »Potiphars Weib«. Die Zeit des Joseph in Ägypten kann man aber um 1750 v. Chr. ansetzen, und »Potiphar« bedeutet »Priester des heiligen Stiers«, des Apis also. Das ist die Zeit des Mittleren Reichs, um Theben, und die Zeit der Blüte der Minos-Kultur in Kreta, wo der Stier im Überschlag gemeistert (nicht getötet) wurde. In diesen Epochen waren wir Menschen noch ganz im unmittelbaren intensiven und hellwachen Erleben der Lebensprozesse selbst und zugleich ihrer wirkenden Geistwesen, der Götter. Man reflektierte das Erlebnis, um zu sich selbst, seinem Ich-Sein zu kommen.

Wie also spiegelt das altägyptische Brüdermärchen das Faktum der Pharao-Werdung, der Königs-Reife? Die Menschenseele als Werdendes lebt in der Zweiheit, aus niederem und höherem Ich schrittweise reifend. Der griechische Mythos faßte das im *Bild des »Ei«* der drei Aspekte, wie sie aus göttlicher Aussage, aus Zeus und der Nemesis (Leda ist nur irdische Pflegemutter) ins Anschauen gegeben wurden: Im Ei, das aus göttlicher Geistschwebekraft (als »Schwan und Wildgans« –) entstand, waren die *Helena* und die Zwillinge *Kastor und Pollux*, der eine sterblich, der andere unsterblich. In diesem »Ei« aus Götterkonzeption der Schicksalsnotwendigkeit (= Nemesis) ist also die menschurbildliche Dreiheit gezeigt: die die Entscheidung vorbereitende Seele und die geistig-physische Spannung. Und diese Zweiheit aus Kastor und Pollux, das ist später in dem Märchen »Die beiden Goldkinder« (Grimm) rudimentär, aber prinzipiell, durchgespielt: der eine Bruder lebt im irdischen Bereich, der andere wirkt aus dem geistigen Bereich ratend und helfend herein. Im Wechselspiel der *Zwei* muß man die *Dreiheit* der drei Kräftefelder des Lebens und der Seele aufschlüsseln und durchleiden bis zur Meisterschaft. Polarität ist die Ausgangsposition jedes Lebensprozesses. Die alten Chinesen faßten das im Symbol *»Yin und Yang«*, den zwei ineinandergreifenden Flügeln innerhalb des Weltkreises, hell und dunkel, kalt und warm, aktiv und passiv, und in allen weiteren solchen Spannungen. Polar sind das Aktive und das Widerstrebende, nicht einfach feindlich, sondern sich anrufend, sich steigernd zu erhöhtem Sein: das gibt den Dreischritt, die »Dialektik« aus These – Antithese – Synthese, ein langer Weg der Entfaltung aus »Polarität und Steigerung« (Goethe nannte es so). Nur so kommt die Ichheit zum Ganzen, zum Wirken in jeweils höchster Möglichkeit: indem sie in Polarbalance durch das Dreifeld sich durcharbeitet. Wenn man durch das sachlich-herbe Zweibrüder-Bild Ägyptens weiter fragt, nach den darin waltenden Tendenzen, findet man die Spannung von Luzifer und Ahriman, und ihre Meisterung durch das im Dreischritt sich in die Wachheit hinein übende Ich, das zum König = Pharao wird.

Der *Bild-Ablauf des Zwei-Brüder-Märchens* zeigt das so: Zwei Brüder, Anubis und Bata, mehr aktiver und mehr passiver Aspekt im Menschen, betreuen im noch naiven Anfang des Wegs ihren Bereich gut. Der Ältere (= mehr passive Teil), *Anubis*, verwaltet das Äußere, der Jüngere (= mehr aktiver, wacher Teil), *Bata*, pflegt alles im Inneren, das Landgut, die Erde, die Pflanzen. Aber noch ist das unbewußt, noch ist das Bewußtsein nicht wach. Die Frau (= Seele) des Älteren will den starken schönen Jüngsten endlich doch egoistisch süchtig brauchen, ihn »verführen«. Als er es verweigert, lügt sie dem Älteren (= Gutgläubigen und trägen Teil im Menschen) vor, sie sei überfallen worden vom Jüngsten. Diese süchtig verlogene Seite der menschlichen Versuchbarkeit kennt man aus der Geschichte von Joseph und Potiphar. Hier steht es als Typ der Inkarnationserfahrung der Labilität, der Aufgabe also.

Nun verfolgt der Ältere den Jüngeren, dieser aber flieht »über den Strom« und entmannt sich drüben vor den Augen des Bruders, also den Vorwurf der Frau entwaffnend. Dies »jenseits des Stromes« meint einen seelisch-geistigen, nicht physischen Prozeß. Bata berichtet, was wirklich geschah. Der Bericht geschieht von »drüben«, jenseits des Stroms, bedeutet also einen Innenvorgang des geistigen Erwachens. Der ältere Bruder erwacht aus dem Rausch des Zorns. Der Jüngere geht in sich zurück, in die Selbst-Erfahrung und sagt dem Älteren, er solle ihm nur zu Hilfe kommen, wenn sein Notzeichen erscheine. Dann solle er sein »Herz« aus der großen Schirmpinie heraussuchen, in deren herzförmige Früchtefülle er es einbetten wolle, und er solle mit dieser Kraft ihn neu beleben. Der Ältere bleibt trauernd und wartet auf die Erfahrungen des Jüngeren. Es zeigt sich, daß der ältere Bruder in dieser Bildfolge nicht nur die Trägheitskräfte und Feindschaften abbildet, wie es in vielen Märchen später »die beiden älteren Brüder des Jüngsten« tun, sondern mehr den weisen Alten, Ratgeber und Helfer, und die durchtragende Lebenskraft darstellt.

Man muß sich hier bewußtmachen, daß der Ältere *»Anubis«* und der Jüngere *»Bata«* heißt: das sagt eine seelisch-leibliche Grundspannung aus. Denn *Anubis* war bei dem nachtodlichen Seelengericht der Helfer des weisen Gottes Thot (des Wesirs des Amūn – »der Verborgene«). Er »wog die Herzen der Menschen« auf der Waage und wurde symbolisiert in der Kraftgestalt des Wüstenhundes oder Schakals als dem Wächter der Gräberzone am Wüstenrand. Er überwacht das Altgewordene, das durch Seelengericht und Seelenweg hindurch erneut jung werden soll. – Und *Bata*, d.h. »der Jüngste«, Leitgeist eines der 42 ägyptischen Gaue, wurde als Repräsentant der Lebenskraftvorgänge in Stiergestalt angeschaut. Anubis und Bata wurden in zwei Nachbargauen durchmeditiert als zusammengehörige Leitgestalten.

Dieser immer »Jüngste« im Lebensprozeß also, Bata, wanderte nun fort. Auf einer Strom-Insel blieb er, besinnend im Fluten. Die Willenskräfte aller Götter weckten in ihm die Seele. »Das Meer« (Lebenselement) trug ihren Ruf zum Pharao. Der Pharao (= König) des Landes holte die Frau zu sich: er offenbarte sich also als der Prüfer. Man vernichtete Batas Pflanzensein. Anubis wußte es sogleich, er kam und suchte das »im Baum« verborgene Herz: den Äther-Lebenskraftquell seiner Gestalt konnte er finden und den Blutpuls neu beleben. Man muß sich ja dieses Hin und Her der Aktionen als Bewußtseinskämpfe und -vorgänge im *einen* Menschen verdeutlichen. Märchen spielen vor allem im Menschen selbst.

Bata erwachte. Er verwandelte, d.h. offenbarte sich nun, auf erster Stufe, als nur organische Triebkräfte-Gestalt des Astralfelds, als *»Stier«*. Anubis führte den mächtigen, farbig bunten Stier zum König, der, betroffen davon, ihn als Lieblingsstier behielt. Aber die noch kalte (genauer: die noch hart prüfende) pharaonisch geleitete Seele (die dem Bata von den Göttern zugedachte »Frau«) erkannte die Drohung der unvollkommenen Überwältigung: sie forderte die Opferung des Stiers. Sie »aß seine Leber«, nahm also das

Prinzip der Stoffwechselvorgänge der »Astralität«, der Seelentriebhaftigkeit, voll in sich auf. Aus den geopferten Blutstropfen des Stiers entstanden nun zwei *Lebensbäume* vor dem Schloßtor. Es zeigt die beiden Polarkräfte, die Leben bewirken und überwinden, abgebildet in den »Lebens- und Erkenntnisbäumen des Paradieses« und dann in den beiden Säulen, die als Tages- und Nachtleuchten vor den phönizischen und jüdischen Tempeln standen und in alle alchemistische Symbolik (zwischen »Geist und Materie«) übergingen. Ihr Abbild im Menschenleib sind der rote und der blaue Blutbaum, Adern- und Venengeflecht. Die Griechen sahen es als zwei Schlangen, sich hochwindend um den Botenstab des Hermes (= Merkur), der bei den Ägyptern Thot hieß.

Wieder sprach aus den zwei Bäumen am Königstor Bata, nun als Bildekräftewesen, als »Pflanze«, zu der Seele (= Frau), und sie forderte, im Widerstand gegen seinen noch unvollkommenen Anruf, die Opferung auch der Bäume. Es geschah. Aber ein Splitter des saftführenden Baumholzes sprang durch den Mund in ihren Leib. Jetzt erst, vom Haupte her, also vom Bewußtsein her, voll erwacht, wurde die Fürstin Träger des ganzen neuen Menschen. »Sie gebiert den neuen Pharao.« Batas Wiedergeburt geschah, vollzogen (als eine andere Dimension des Drei-Goldkugel-Bilds späterer Märchen) als Innenerfahrung der Einheit von physischem Leib, Bildekräftefeld und Astralfeld. Die Innenerfahrung geschah in Bata (+ Seele + Anubis-Bruder), indem er die drei Stadien oder Bereiche von Pflanze, Tier und Menschbewußtsein einzeln und schmerzhaft durchschritt, sie eroberte. Der neue »Bata« (= »der Jüngste«) wurde nun wahrhaft König für die Zeit der 30 Jahre eines Saturnumlaufs im Tierkreis, die für die ägyptischen Fürsten die Rundzahl ihrer Herrschaft waren. Danach also, so heißt es im Papyrus-Text, folgte dem Bata sein älterer Bruder, Anubis: Der Jüngste übergab die durch so viele Prüfungen von ihm erst wirklich aufgebaute Herrschaft dem Verwalter-Anteil im Menschen, dem physisch »Älteren«, als durch die Zeiten tragende Lebenskraft erfaßt. Sie hat, wie der Anubis im Totengericht, die Seelenprüfungen hütend zu begleiten.

Daß mit dem Jüngsten der geistige Anteil des Menschen gemeint ist, wird durch die Geschichte der beiden *»Goldkinder«* (Grimm Nr. 8) beleuchtet: der eine Bruder zieht sich wieder in sein geistiges Reich zurück, nachdem er dem anderen im Erdbereich geholfen hat. Der Mensch muß also in sich selbst an beiden Seinsformen Anteil haben. Und wie differenziert dieser Weg ist, zeigte zuerst das Brüdermärchen Ägyptens auf, durch die noch wirkende hellseherische Kraft erlebt und mit wacher Intelligenz geformt.

Das, was der künftige Pharao in der Tempellehrschule und in den Einweihungs-Ritualen erfuhr, ließ sich nicht allen Menschen unmittelbar mitteilen. In den konkreten einzelhaften Auswirkungen erlebten Wissens strahlte es von *Schmun-Hermupolis* – dem geistigen Zentrum des Mittleren Reiches um Theben – weithin über Ägypten und Griechenland hinaus: als Medizin-Wissenschaft, Mathematik, Landbautechnik, Baustatik, Chemie, Materialkenntnis der Künste. In Schmun (= Ort der Achtheit) erkannten die Griechen denselben Geist wirkend, den sie *Hermes* oder Hermeias nannten, der dort *Thot* hieß, und sie nannten den Ort darum Hermupolis. In der Achtheit unter der Leitung des *Amun* (= der Verborgene) wirkten die Prozesse ins Bewußtsein, die aus dem Wäßrigen zur festen Gestalt drängten. Thot war hier Lehrmeister, aber er hieß auch Wesir des Re (des Sonnengottes) und des Ptah (der den Atem des Lufthauchs einströmte in die Gestalten). Als »Wesir« war er, wie Hermes für die Griechen, Vermittler zwischen Göttern und Menschenbedingungen, Berater nach beiden Seiten. Im »Totengericht« wirkte er zugleich mit Osiris als Wäger der Lebenstaten der Menschenseelen. Für die Griechen hieß Hermes der Psychopompos, der die Seelen ins Seelenreich leitete. Was also hergestellt wurde in Schmun-Hermupolis, war die Erfahrung und Kenntnis der lebendigen Einheit aus Licht, Luft, Wasser, bewußtseintragender Seele. Die Einheit aus physischem, ätherischem, astralischem und ich-haftem Sein erkannte man im einzelhaften Forschen.

Aber für die Allgemeinheit der nachwachsenden Menschen ließ sich das durch die Einweihung und die mitgebrachte Fähigkeit geistiger Sicht erworbene Ganzheitliche des Erlebens nur in Bildern weitergeben. Eine abstrakte Aussage, daß man um sich und in sich die Lebensvorgänge von Pflanzen-, Tier- und Mensch-Sein durchforschen lerne, um Pharao oder Mitarbeiter (um also irgendein König) zu sein, wäre an den Seelen vorbeigehuscht. Aber in der noch vollen Wahrnehmungskraft des in der Natur intensiv lebenden und in ihre Wesenheiten und die eigenen Lebensvorgänge hineinlauschenden Menschen konnten die Bilder des Brüdermärchens wirken. Die träge Triebhaftigkeit der begehrenden »älteren« Seele (= Frau des Anubis), über dem Strom drüben im Geistbereich die Offenbarung der reinen jungen Wesenskraft, Bata; die Schritte des Eintauchens in die Erkenntnis, zuerst als Blüte und Frucht-Herz des Lebensbaums (= Schirmpinie), dann als Stier der vegetativen Triebkraft des Fühlens – Denkens – Wollens im Sein, dann reif gefiltert als Essenz der Lebensbildekräfte, die ihre Auslöschung in der Polarität immer auch akzeptieren (die beiden Bäume vorm Tor des Königspalasts); und nun die zweite Geburt, als reiner, wissender, verantwortender Mensch. Der neue Pharao, der Pharao schlechthin, ist auferstanden, er trägt nun mit Recht den Titel des Osiris-Sohns, »Horus«, der »aus den Weiten des Kosmos kommende« Falke.

Noch einmal den *Bildablauf* gerafft: Bata »entmannt sich«, er zieht sich aus der Triebwelt des Astralfeldes heraus, in dem Haß, Streit und Mord herrschen, solange es nicht als reines Seelenfeld erkannt und verwandelt ist. Bata zieht sich da heraus, ins Ätherfeld. Aber er muß schrittweise den Weg zurück ins Ganze finden, erkennen. Stets muß der Herz-Puls des Icheinsatzes gehütet werden dabei, vom Seelenwächter Anubis betreut. Die Seele (= Frau) wird erweckt, als aus allen Kräften der menschenschaffenden Götter zusammenklingend. Sie erscheint in der Insel der Einsamkeit, hell, aber noch ist die Lebensgestalt des Leibes für sie nicht wach aufgebaut. Bata hat sie erlebend zu erkennen: als Stier, selbstlose reine Triebkraft, dann als die Bäume des Lebensrhythmus aus Tod und Leben, endlich mit überschauend fühlender Seele die Ich-Person auf der Erde hinstellend, als Pharao. Wenn diese immerjunge Kraft im Menschen, das unsterbliche Geist-Element in ihm, nach allen Wandlungen wiedergeboren wird – als der, den die

Brahmanen im alten Indien den »Zweimalgeborenen« nannten –, so ist er *»der Sohn seiner Erfahrungen«*. Das ist ein im alten Ägypten oft gebrauchter Terminus.

Der Weg, noch anders beleuchtet, kann so aussehen: die physische Leiblichkeit wird in Dienst genommen (»springt über den Strom«) – wird geopfert. Der Astralleib wird gemeistert durchlebt – wird geopfert (der »Stier«). Der Bildekräfteleib wird durchlebt (die »zwei Bäume«) – wird geopfert, das heißt relativiert. Alles wird wach, neu belebt: das Ich ist Meister aller Kraftfelder.

Das war und ist ein Urbilderlebnis. Man muß aber den Grundbestand der Fakten umkreisen, andere Bilder daraus durchleben, um das Ganze wirklich zu erkennen. Die meisten Mythen (= Bildlehren) der Menschenentstehung zeigen den Aufbau aus den Kraftfeldern: aus »Ask und Embla« (Esche und Ulme) sahen es die Germanen der Edda, aus den göttergeworfenen Steinen sahen es die Griechen, Mineralkraft und Lebensfeld und Fühlensfeld sah man sich vereinigen zum Menschen. Aber die Ägypter gaben nun als »Märchen« die Lehrgeschichte jedem einzelnen Menschen zu seinem persönlichen Nacherleben, nicht mehr neutral, sondern persönlich anrufend. Danach kam die griechische Epoche; durch sie und nach ihr wurde die Fülle der Lehrgeschichten der Märchen ausgeprägt, in denen typische Prüfungen der Mythenhelden in das Tun und Anschauen des beliebigen einzelnen personal hineingegeben sind. In der griechischen Stufe geschah die Abstandnahme des Menschen vom vollen Sein zum abmessenden anschauenden Begriffsgefüge hin. Das helle, harte Tagesbewußtsein wird gefordert: So im Bild schildern es die Erzähler, als *die Geburt der Athene* aus der Haupteskraft des Zeus im Verein mit der Göttin Metis (= Maß), also raumzeitliche Gliederung des Seins. Hephaistos, Herr und Gott der Feuerkräfte, öffnet den Weg der Athene mit dem Schwung der Doppelaxt, also dem uralten Symbolum, dem Schattenriß des Sonnenwegs durch den Jahreslauf hin. Mit einem ungeheuren Siegesschrei entspringt die gewaffnete goldstrahlende Göttin dem Zeushaupt, das Dröhnen und der Schrei erschüttern den Himmel und die Erde, die Götter, Wasserwogen bäumen sich, Wolken ballen sich. Es ist der Anfang einer neuen Epoche. Es beginnt die notwendige, doch die Götter erschreckende Epoche, die zur Erdenverantwortung des individuellen Menschen führen sollte, die aber von der alten Form der Verantwortung lösen mußte. *Athene* wird die Menschen anleiten zum Bewußtsein und Handhaber äußerster irdischer Wachheit. Die Bildersprache der Lehrgeschichten muß sich ändern: der Mensch ist der Anschauende, und erst dadurch kann er, wenn er will, wieder und neu so eintauchen in die Lebensprozesse, wie es die Menschen der ägyptischen und sumerisch-babylonischen Epoche von selbst taten: Übende der Stufe der Empfindungsseele.

Aber noch sind die Griechen fähig zum Eintauchen, und ihre Helden sind »Söhne« der Elementeherren oder müssen sie durchüben. Jason ist durch seinen Weg dem Luft-Element (Aiolos seinem Ahn), dem Wasserelement (Poseidon als Prüfer) und dem Licht- und Wärme-Element (Aietes, der Helios-Sohn, Sohn der Sonne als Vater der Medeia, der Lehrerin des Jason) verbunden. Odysseus wird durch alle diese Lebenskräfte hindurchgeführt, in die Lehre eingeweiht. In den breit gestreuten Märchen wird das nun in abständigerer Weise, aber doch unausweichlich jedem einzelnen als Aufgabe oder Voraussetzung gegeben. Die Imaginationen des ägyptischen »Zwei-Brüder-Märchens« verändern sich, aber die folgenden Imaginationen ergreifen dieselben Seinsfelder.

Der ägyptische Schreiber mahnte: in dieser Geschichte spricht Thot, der Seelenführer, ihr müßt ihn erkennen, nicht überhören.

Wenn man nicht mehr so *in* den Seinsfeldern und Wesenheiten selbst lebt wie einst die Ägypter: dann schaut man die Kraftfelder einstrahlen, licht, als Sphärenstrahlung in der Erde, also rund, »goldene Früchte«. Man muß sie öffnen, um das nährende Fruchtfleisch und den gestalttragenden Samen zu gewinnen. Man kann zuerst nur den physischen Leib nähren und die anderen Felder von daher durchleben. Das Bild vom Durchgang des geprüften Menschen durch die persönlichste Erfahrung seines Eingespanntseins in die vegetativen und astralischen Kräfte der Welt, seiner persönlichen Anteiligkeit also an dem, was im Pflanze- und Tiersein jeweils vereinseitigt wirkt: dies Bild erschien dann für breitere Menschengruppen variiert in den südeuropäischen Märchen (später heraufklingend bis nach Skandinavien, siehe »Die drei Zitronen« in den »Kormoranen von Utröst«). Es wird durchgespielt in dem Bildablauf der Geschichten von den *drei Apfelsinen* (resp. Zitronen, Granatäpfel, Äpfel), aus denen der Held seine geisttragende Seele, »die rechte Frau«, sich gewinnen muß, in Geduld und in raschem, wachem Zugriff: »Du mußt springen –«, heißt es da (»Spanische Märchen« Nr. 4). Dabei zeigt sich, daß er von den drei Früchten, die er aus dem Reich des Drachen oder »jenseits von Sonne und Mond« holen muß, immer nur eine zur Erde bringen und entfalten kann in ihrer menschlichen Möglichkeit. Er öffnet die erste Frucht: das Mädchen daraus ruft nach Brot und Wasser; er kann es ihr nicht geben; erst bei der dritten ist er so Meister der Erdkräfte geworden, daß er sie halten kann, dem persönlichen Seelenbereich verbunden. Das Ich des Menschen (repräsentiert vom »Jüngsten«) kann nur erst den physischen Leib wach nähren und ihn sehen. Aber die ganze Dreiheit (physisch, ätherisch, astralisch) muß doch wissend nachgeholt und der Täuschung entzogen werden.

Täuschung oder Vertuschung der Strenge und Lichtkraft der geistigen Weltsicht geschieht nun, wenn man sich der Fühlens- und Triebsphäre abstandlos überläßt. Das zu erkennen wird darum in den Märchen und Mythen immer wieder gefordert: der Held (= Jüngster) soll sich nicht dem Familiensog überlassen, wenn er heimkommt vom Drachenkampf und vom Gewinnen der Sonnenprinzessin. Er reitet voraus und will den Empfang vorbereiten, die Lichttochter aus den drei Äpfeln oder Apfelsinen mahnt ihn: Erlaube nicht, daß die Mutter dich umarmt und küßt, sonst vergißt du mich! Aber der Gefühlsstrudel reißt ihn doch hin, und er vergißt –. Die zweite Stufe, der nun strengeren und genaueren Erfahrungen, beginnt also. Im Mythos von *Siegfried* wird das nur bis in die Verwirrung des Chaos hinein gezeigt: Siegfried verrät die höhere Seele, die Brunhild, um der irdischen Verstrickung willen. Er fällt der nur irdischen Kriemhild-Seele in sich selbst anheim. Im Mythos vom *Herakles* wird der Weg ganz gezeigt: Der allzu irdischen Verlockung des Deinaira-Seins verfallend, wird er sogleich in das Feuer der großen Verbrennung des Selbstischen geworfen, um befreit zur geistigen Ichwesenheit, zur Zeus-Tochter Hebe zu gelangen. In den personalen Lehrstücken, den Märchen, verfällt das Ich (z. B. der Prinz vom *Singenden springenden Löweneggerchen* bei Grimm und viele andere ähnlich) auf dem langen Weg der Prüfungen des Erwachens eine Zeitlang und immer »beinahe« ganz der »falschen Braut«, die stolz in die irdischen Festwirbel verlockt: bis im dritten Weckruf endlich die oberste reine Seelenkraft ihn aus dem Bann löst.

Was in den Bildgeschichten als Lehre immer wieder Ablaufgeschehen des Reifewegs ist, war in den Jahrhunderten des Mittelalters zugleich feste Formel bei der Aufnahme in die Mönchs- und Ritterorden, die Europa durchgestalteten. In der Ordensregel z. B. der *Templer* tönte bei der Aufnahme dreimal die Frage, ob der Wille des »Jüngsten« zum Ordenseintritt unverändert sei, und dreimal wiederholte der Jüngste die Bitte um Wasser und Brot. Dieselbe Bitte also, die die Jungfrauen der drei Apfelsinen, Zitronen oder Granatäpfel aussprachen. Ist die Aufnahme in die irdische Aktionsgruppe des Ordens gewährt, so bekommt dieser jüngste Aufgenommene das Verbot, seine Mutter und seine Schwestern zu küssen. Das ist die psychologische Tradition, die uns wohlbekannt ist seit der Mysterien-Einweihungsgeschichte von »Amor und

Psyche« des Apulejus (200 n. Chr.). Und dieselbe Forderung stellt die Lichtprinzessin aus dem Märchentyp der »Drei Äpfel«.

Der Jüngste dort läßt sich aber doch hineinziehen in die Überwucherung durch das Gefühl, er vergißt, fällt dadurch in die Täuschung, er hält die falsche für die richtige Braut.

Die »Täuschung« ist in diesen Märchen dargestellt durch die dunkle Kraft als »Negerin« oder Küchenmagd: Sie findet die im Baum über dem Quellwasser verborgen wartende Jungfrau durch die Spiegelung und hüllt sich gewaltsam in deren Kleider. Die echte Braut wird getötet resp. verzaubert. So geht diese Gestalt aus dem dritten Apfel nun, die zwei anderen Kraftfelder der ungemeisterten Äpfel nachholend, durch das Pflanzen- und Tierreich hindurch. Als Vogel oder Fisch und Baum oder Blume wird sie bewundert, aber von der falschen Braut verfolgt (wie es dem »Jüngsten« durch die prüfende Seele des ägyptischen Brüdermärchens geschah). Endlich gelingt die Offenbarung. Die drei Bereiche von Fühlen, Wollen und Denken im Menschen sind auch hier als Bereiche von Pflanze, Tier und Mensch angeschaut und im eigenen Sein wirksam wahrgenommen und gemeistert.

Bildlehre und Bild, im Extrakt geschaut: man kann nicht einfach die Geist-Sophia hereinholen in die noch affektgeladene Leiblichkeit, sondern es muß schrittweise ihre genaue Inkarnation geschehen. So, »im Baum«, meditativ wartend, beginnt es, die Prüfer (die Dunkle, die Magd, die Stiefschwester) stürzen den Prüfling in die Erfahrung des Ätherfelds (der Lebensbildekräfte im Pflanze-Sein), danach ins Astralfeld der Tiergebundenheit (als Fisch etwa): erst dann ist die volle Einigung der Person, die Inkarnation des Ich möglich.

Nur, das Erleben und also die Bildwahl ändert sich im Lauf der Jahrhunderte und hat sich geändert. Man muß das erkennen, um die gemeinten Vorgänge und Fakten differenziert zu fassen. Die Bewußtseinsstufe ist anders geworden, entfernter von den Göttern, verstärkter im Eigenen. Einst in Ägypten (und Sumer) war man noch intuitiv mit den Lebensprozessen verbunden und nahm die wirkenden Geistwesen zugleich wahr. Die volle Vergegenwärtigung, die der vorangehende Einzuweihende brauchte, *vollzog sich* gemäß der Notwendigkeit der Triebläuterung. Auf der folgenden Bewußtseinsstufe wurden die wirkenden Lebensfaktoren, die Prozesse und ihre nur noch geahnten Dirigenten schrittweise *gesucht*: sie zu finden wird langer Weg, dann erst kann die Verbindung mit ihnen geschehen. So also muß (im spanischen »Drei-Äpfel-Märchen«) »die weise Alte«, der verborgene Ratgeber im Menschen, den Weg zum Schloß weisen, in dessen Garten der Baum mit den drei Äpfeln des Lebensprozesses steht. Der Weg führt durch die Welterkenntnis: Sonne und Mond zu befragen und den Wind, der aus dem Sonnenaufgang her weht. Dann im Garten läßt sich der Baum nicht pedantisch abernten, sondern im Sprung, im Willen zur Erkenntnis; die beiden Apfelgeister aber ziehen sich wieder zurück in ihre Sphäre, bis mit der Gewinnung des dritten Felds der eigentliche Prüfungsweg zur Erkenntnis des dreifältigen Lebensprozesses beginnen kann. Und in dem norwegischen »Drei-Zitronen-Märchen« wird in besonderer Betonung die Güte des Helden gefordert, seine moralische Qualität: das war in Ägypten immanente Vorbedingung und in der Seelenprüfung des Totengerichts, von Anubis und Thot bewacht, abgesichert. Der Weg wird auf der neuen Stufe komplizierter, aber auch für die begriffbildende Intelligenz klarer, verfügbarer.

Im »Zwei-Brüder-Märchen« machte der Jüngste selbst die schmerzhaften Verwandlungen in die Seinsbereiche durch, geleitet helfend vom Älteren, als »Anubis« noch rückbezogen in die Götterführung. In den Drei-Äpfel-Märchen macht die Lichtprinzessin, die geisttingierte Seele des Menschen, die Wandlungen durch, und das geistaktive Ich des Menschen (der Jüngste) schaut sehnend zu. Aus den zwei Wesenstendenzen im Menschen, Luzifer und Ahriman im Extremsinn auch andeutend, werden die Bilder von Prinz und Prinzessin herausgearbeitet in objektiver Kontur – Jüngster und Tochter der Sonne. In dieser Form greift das Zwiegespräch zwischen Geist und Seele stärker in das Herz und den Atemrhythmus der Hörenden ein. Diese männlich-weibliche Differenzierung bleibt dann die übliche. Die Betonung wird manchmal auf das *seelische* Erleiden gelegt, so bei dem Durchgang der Drei-Äpfel-Wesen durch die Verwandlung oder bei der Forderung nach den »sieben Jahren Stummheit«, während deren die Prinzessin drei Kinder = junge Kräfte zur Erscheinung bringt, und endlich die Geistnuancen der Fixstern-Strahlungen (so bei Grimm die zwölf Schwäne usw.) zur irdischen Aktion hereinholen kann. Im *männlichen* Aspekt macht der Held die drei Prüfungen durch mit dem Blick auf die Idealgestalt der geläuterten Seele.

Man muß die verschieden betonten Bilder nachvollziehen, jedes einzeln oder auch im ganzen Weg-Vollzug. Man muß diese Bilder sich nehmen und sie aufbauen, wie sie einst aufgebaut worden sind, sie anschauen, eintauchen, dann verlöschen lassen und ein wenig ruhen auf der Kraft, mit der man den Bildstoff, d. h. den Weltstoff zusammenraffte. So wird man stärker, wächst in die Fülle seiner Fähigkeiten mehr hinein. Man wird dann auch erleben, daß in den »zwei Brüdern« der frühen ägyptischen Zeit wie in Prinz und Prinzessin der späteren Zeiten immer auch das kosmisch-irdische Wirken von Luzifer und Ahriman befragt ist und diese Polarität durch die Dreiheit hindurchgeführt werden muß und endlich von dem Dritten, der Doppeleinheit des freien Ich, überhöht und gemeistert wird.

In einem speziellen Aspekt der Dreiheitskraft, bewußtseinsgeschichtlich ein späterer, wird der Blick nicht mehr so sehr auf das Eigenerlebnis der Einverwandlung gerichtet, sondern auf die Dimension der Außenwahrnehmung der einstrahlenden Kosmoswirkung als ganzer. Das deutet z. B. die Geschichte von »Allerleirauh« (Grimm) durch die Ausgangsposition an, speziell aber die von der *»Kristallkugel«* (Grimm). Man schaut da nur noch die strahlende Gesamtsphäre und muß die drei Kraftfelder daraus differenziert erkennen, erüben, erleiden, meistern im Ichwerden.

Diese Imaginationen wurden hier schon anfangs benannt und erläutert, sie werden nun an den Märchen-Beispielen im jeweils ganzen Weg (von Held oder Heldin) gezeigt, um sie zu erleben.

Die *»Kristallkugel«* als Bild lenkt den Blick auf den Umkreis, auf die einstrahlenden Kräfte. Als »Goldkugel« angeschaut, erkennt man diese Kräfte, wie sie zum Vollzug von Erde und Menschenleben zusammengefaßt sind. Der *Goldprozeß* strömt aus der Sonnensphäre und wird in der Erde verdichtet zum Goldmetall. Die Erde kreist ja ständig durch alle Planeten- und Fixsternsphären hin, von ihnen durchwirkt. Der »Goldprozeß« aus der Sonnensphäre wird im Herzen zum Mittelpunktsorgan, zum Regulator-Organ der Lebenssäfte. Rudolf Steiner formulierte, daß Stoffe (also jede Materiengestalt) »festgehaltene Prozesse« seien, »stehengebliebene Prozesse«, oder »erstarrt ausschauende Prozesse«, also vorübergehende Stationen eines Flutens. Die neue Atomforschung bestätigt das, aber von ihrer äußeren Sicht her, die die Frage nach Sinn und Leitgeistern nicht stellt. Die Menschen der alten Kulturen wählten das Bild der Goldkugel nicht beliebig, sondern weil sie im Gold das Zusammenströmen der Lebensprozesse lebendig fühlten. Wenn man frühmittelalterliche Plastiken aus reinem Gold unmittelbar anschaut, etwa die großen Reliquiar-Büsten aus dem Domschatz von Essen/Ruhr oder andernorts oder die Goldmasken der mykenischen Kultur, so kann man die mächtige tragende

Kraftausstrahlung dieses Metalls deutlich und faszinierend spüren. Die therapeutische Verwendung des Goldes (= aurum) als Herzmittel nimmt das nach innen.

Wenn die Bildersprache eine Goldkugel-Erkenntnis zur Meisterung ihrer dreifältigen Wirkweise ausfaltet, so ergibt sich konsequent das Bild der *»drei goldnen Äpfel«*, die die Prinzessin (= Seele) im *»Eisenhans«*-Märchen (Grimm) dem Helden bestätigend gibt und die er gewinnt, indem er auf den drei verschiedenfarbigen Pferden seine drei Wesenkräfte gemeistert hat. Was im äußeren Gestaltbereich des Lebens als physische, bildekräftegemäße und fühlend-astralische Sphäre wirkt, wird vom übersinnlichen Ich im Menschen in Wollen, Fühlen, Denken gemeistert.

Wenn man dann allen diesen Kräften weiter nachforscht, in den Umkreis des Kosmos hinaus, findet man dafür die Bilder der drei kosmischen *Kleider in der Nußschale* der *»Allerleirauh«* und der *Kristallkugel*. Die Kleider, die die im »Fell aus allen Tieren« verhüllte Seele sich aus der geistigen Welt vor der Geburt mitbringt und die ihr auch der irdische Alltagsherr (der »Vater der Allerleirauh«) nicht nehmen kann, sind die Kräfte von Sonne, Mond und Fixsternraum.

Man kann dieses Bild, die Imaginationskraft übend, auch in anderer Version erkennen, wenn man das »Diamant-Kleid« aus der Nuß als Fixsternumkreiskräfte willenhaft in die Taten auf der Erde verwandelt erlebt, da Diamant auskristallisierter Kohlenstoff ist. Die Menschengruppen, die von Nord bis Süd, von der Nordsee bis in die Schweiz, durch die Mitte Europas hin lebten, formten das Helferbild der *»drei Beten«* sich aus, alt-keltisch meist »Ainbet, Borbet, Wilbet« benannt. Diese »drei Mütter«, in vielen Andachtsbildern vorchristlich erhalten und im Mittelalter in vielen Kinderliedern angesprochen als drei heilige Frauen, trugen gefüllte Fruchtschalen auf ihrem Schoß, sie sitzen eng nebeneinander, eine meist kleiner und jünger, die Häupter mit aurischer Üppigkeit der Haare umwölbt. Die späten Lieder singen von der einen, die den seidenen Faden (des Lebens) spinnt, der anderen, die das Gewebe »arbeitet«, die dritte holt die Sonne herein ins Erdreich. (Wir können philologisch nur den Namen »Ainbet« erläutern: es ist die

»Erd-Bet«.) Die alten Kulturen kannten die von der Mondbahn umzirkelte Sphäre als Sphäre der Ex- und Inkarnationen. Dort wird, so sah man es, aus dem Bildekräftefeld der Welt das jeweils eigene Feld zusammengezogen. Der physische Leib wird dann im Erdbereich »gearbeitet«. Es ist also in den »drei Beten« (als Sonne, Mond, Erde) repräsentiert, was Bata und Anubis in konkreter Unmittelbarkeit als ihre Kräftefelder erfahren mußten. Dabei war für den alten Ägypter der kosmische Strahlungsraum und seine Wesenheiten immer selbstverständlich bewußt, erlebt, und in den Texten des »Totenbuchs« wurde in dramatischer realer Begegnung diese Sphäre gezeigt: für die die ältere Bruder-Seelenkraft, der Anubis, als Repräsentant des Wächters am Seelengericht, ja die Schwelle hütend das Bewußtsein immer wachhielt.

Dieses Dreifeld nun wird vom Bata-Erlebnis her breiter ausvariiert in dem Märchen von der Kykladen-Insel Syros, *»Goldapfelbaum und Höllenfahrt«* (Nr. 16, »Inselmärchen des Mittelmeers«). Da folgt der »Jüngste« der Spur der »drei goldnen Äpfel«, die jedes Jahr durch unsichtbare Wolkenhand vom Lebensbaum im Königsgarten fortgenommen werden; das sagt aus: Ohne Prüfungserkenntnis ist der Mensch nicht reif, die drei Lebenswelten der Äpfel in Besitz und Verwaltung zu nehmen. Der Jüngste nun findet ihre Herkunft auf langen schwierigen Wegen aus dem »Jenseits«, durch den Abstieg in die Unter- und Innenwelt, durch die Erde hindurch, also in das geistige Urbildreich eindringend. Er holt die drei Kräfte, repräsentiert als drei Seelen (= Frauen) oder Weisheitsgeister (= sophia) herein in den Erdbereich. Die trägen Triebe im Menschen (»die älteren Brüder«) wollen sie an sich reißen und die schönste »Jüngste« dem »Vater« geben, also einer nicht erneuerten, nicht sich verjüngenden Kraft im Menschen. Aber diese weiseste Seele der Goldapfelsphäre hat dem Jüngsten bei ihrer Befreiung drei »Nüsse« mitgegeben, drei harte Samenkräfte; eine Walnuß, eine Mandel, eine Haselnuß. Man muß das fühlen: die hüllende Härte ist gemeint und die nuancierte Kernformung. Der von den Trägheitskräften verratene Jüngste besteht nun seine großen Prüfungen in der Unterwelt und in dem Zwischenreich. Uralte Bilder dafür zeigen die Schritte an. Er hatte die drei Goldäpfelgeister und damit das »Wasser des Lebens und des Todes« dem Hüterdrachen abgewonnen (wie Jason = »Heiler« durch die Hilfe der Helios-Tochter, Sonnenenkelin Medeia), hatte also die Naturrhythmik im Bewußtsein erkannt. Er mußte das nun in objektiver Tat beweisen. Indem er die zwölfköpfige Schlange besiegt (die die Einströmung der zwölf Tierkreiskräfte in die zwölf Nervenstränge des Menschenhaupts als Gegenkraft behindert), erlöst er die Menschenseele (= Prinzessin) von der Bindung an den Materie-Fels der Opferung, wie einst und urbildlich es Perseus mit Andromeda tat. Um wieder aufzutauchen in die Bewußtseinszone der Erde, muß er »die Jungen des Adlers gegen die raubwillige Schlange« schützen. Er muß also die Gedanken-Aufschwungskraft absichern gegen die erdverhaftete, geschmeidig intelligente Astralität. Dafür hatten die alten Inder das Mythos-Bild vom göttlichen Adler Garuda als dem Kämpfer gegen die Schlangen der Erde. Da der Prinz in diesem Kampf hilft, wird er hinaufgetragen ins Licht. Er hat damit die ganze Dreiwelt ins Licht gehoben und in seine Kraft hineingenommen und offenbart es langsam. Er kommt in seines Vaters Reich, noch verhüllt. Dort hatte die Goldapfelseele dem alten König die Aufgabe gestellt, ihr *die drei Kleider aus den Nüssen* zu beschaffen: eines zeigte die *Erde* mit allen ihren Pflanzen und war »nicht geschnitten und genäht«, das zweite Kleid zeigte ebenso den *Luftraum des Himmels* mit allen Sternen, das dritte das flutende *Wassermeer* mit allen Fischen darin. Der noch verborgene Jüngste gab dem beauftragten Handwerker die drei Kleider aus den drei Nüssen in dreitägiger Folge, das letzte trug er selbst zum König. Alles Geschehene wurde nun in Klarheit berichtet, die trägen Brüderkräfte in Verbannung und Prüfung geschickt, die Verbindung des Jüngsten mit der Goldapfelsphäre offen gefeiert.

Die Insel *Syros*, auf der dieses Märchen erhalten blieb, gehört zu den griechischen Kykladen-Inseln und trug die Hauptstadt dieser Gruppe, die Hermupolis heißt, Hermes-Stadt, weist also auf eine alte Tradition der Lehrkulte des Hermes (dem ägyptischen Thot entsprechend) zurück. Die Kultur der Kykladen ist immer ein uraltes Verbindungsglied zwischen dem Vorderen Orient und Griechenland gewesen. Auch die Forscherzentrale des Wissensmeister-Gottes Thot (Wesir des Amūn), Schmun bei Theben, nannten die Griechen ja Hermupolis. Das Kennzeichen dieser alten Kulturen aber war immer die strömende Beziehung zwischen Makrokosmos und Mikrokosmos, zwischen Sternraum und Erde. Dieser Beziehung nachzufühlen, sie zu erforschen und sie durch die Läuterung der eigenen Seele erkennen zu lernen ist darum hier das zentrale Thema der Märchen. Die Persönlichkeit zu formen zum erkennenden Träger der Weltkräfte hier und jetzt: das ist ihr Ziel.

Was fassen die Bilder des Syros-Märchens? Man muß sich jedes Bild einzeln nehmen, um den Gewinn zu haben. Jedes kommt als einzelnes in vielen Märchen vor, hier aber sind mehrere im Weg zusammengefaßt. Die drei goldnen Äpfel – die geklärte Dreiheitskraft des Menschen im Kosmos – sind nur zu gewinnen: mit dem *Gang durch die Unterwelt* (= Innenwelt der Seele und der Prozesse der Erde); durch den Sieg über den *Drachen* (= Triebläuterung und Ordnung des Blicks in die Welt) und damit der Gewinnung des »Lebenswassers« (= rhythmische Meisterung der Lebenskräfte); durch das Behüten der *Adlerkräfte* des Gedankenaufschwungs gegen die Schlangenkräfte der zu starken Verstrickung in die Erdintelligenz. Dann werden »die *drei Gewänder*«, Kräftefelder und Hüllen der Prinzessin-Seele, aus den harten Schalen befreit, sie zeigen das Sein der Formen der Erde, des flutenden Wäßrigen, des Geistimpulses aus dem Sternkreis.

Die geraffte Kurzform nun für dieses Hereinholen der Umkreiskräfte durch das richtige Zusammenspiel der drei Grundkräfte des Erdenseins im Menschen gibt das Märchen von der »Kristallkugel« (Grimm, 2. Bd., Nr. 178). Da ist der Mensch in seiner dreifältigen Kraftnatur als »drei Brüder« geschildert und als Kind der großen »Zauberin«, d. h. der Meisterin der Erdenkräfte. Die Brüder (= Menschen) werden geprüft, damit sie nicht unberechtigt die Kräfte an sich reißen. Der eine »Bruderanteil« wird als »Adler« im Luftraum gezeigt, der andere als großer »Walfisch« im Wasserraum; beide haben nur zwei Stunden täglich Menschganzheit, geben nur Gastrollen der Bewußtheit. Der dritte Bruder-Anteil entzieht sich durch willentliche Flucht dem Zwang, als Bär verhüllt im festen Erdbereich zu vegetieren. Er suchte »die Prinzessin vom Schloß der goldnen Sonne«, und erkannte, wie Perseus, im Spiegelungsprozeß seines Bewußtseins (»in den Wunderspiegel schauend«), daß er die Kristallkugel finden und meistern mußte, um die Goldkraft der Sonne wirklich »erlösen« zu können, d. h. auf rechte Weise mit ihr zusammenwirken zu können. Dazu muß er die bloße reproduktive Triebkraft des unerhellten Lebens, die Stierkraft im Menschen meistern (bei Grimm heißt es »Auerochs«), muß daraus die feurige Aufschwungskraft des »Feuervogels« herauslösen, also die Metamorphose des Denkens durchführen, die im Bild des »Vogels Phönix«, der sich rhythmisch selbst verbrennt und aufersteht, von der alten ägyptischen, indischen und arabischen Bildsprachenlehre erfaßt worden war. Und aus diesem auffliegenden Feuervogel muß er den Extrakt, »das Ei«, gewinnen, und zwar so behutsam, daß er aus dem glühenden Feuer-Ei die darin verborgene »Kristallkugel« herauslösen kann. Mit ihr kann er die Bannkräfte der großen Erdmutter lösen, die *»Prinzessin vom Schloß der goldnen Sonne«* gewinnen und die Brüder aus ihren Einseitigkeiten als Gedanken-Adler und strömendes Empfindungs-Fischwesen herausholen. Der Kampf gelingt ihm, indem er sowohl *um* sich die drei Naturreiche Luft, Wasser, Erde als auch *in* sich die drei Kräfte Denken, Fühlen, Wollen in Wachheit durchforscht und meistert. Als der Feuervogel aus dem bewältigten Stier auffliegt, kann die Gedankenkraft des Adler-Bruders ihn nötigen, das Ei abzuwerfen, und der Wasserfisch-Bruder kann das feurige Ei im Wasser maßvoll löschen und es wellenwerfend ans Ufer drängen, wo der erdkräftige Bruder-Anteil ihm die Kristallkugel entnimmt und mit ihr die Erlösung aller Einseitigkeiten (der Brüder) und Schattenhüllen (der Sonnenprinzessin) vollziehen kann. Er wird zum Meister in seinem Wirkbereich. Die Zauberin übergibt ihm die Leitung.

Dieser Vorgang, aus dem flutenden Prozeß des Gestaltenwandels die Meisterung zu lernen, *»das Ei« zu gewinnen* aus Erde, Wasser, Pflanze, Tier, ist in den russischen Märchen mehrfach durchgeübt. Die Geschichte vom *»Unsterblichen Knochenmann« (= kostschej)«* ist dort vielfach variiert. Die beste Fassung gibt aus der Sammlung Afanasjew (die in der Mitte des 19. Jahrhunderts in der Nachfolge der Arbeit der Brüder Grimm getan wurde) im Band 7, Nr. 6, »Das Märchen vom unsterblichen Knochenmann«, das Fr. Lenz in »Iwán-Johannes« brachte. Der Prinz fand »die unaussprechliche Schönheit«, die goldne Prinzessin, aber der »Knochenmann« nahm sie ihm wieder fort. Auf langen Wegen sucht der Prinz ihn, und die weise Prinzessin (»Schönheit« = Harmonie) erkundet im Frageweg, »wo des Knochenmanns Tod ist«. Sein Tod, seine Meisterung also, und das heißt die Meisterung der Lebenskräfte gelingt, wenn man durch die drei Luft-, Erd-, Wasserkräfte hindurch das »Ei« des Lebensbereichs (Wasser, Erden-Insel, Baumstamm, Ente) findet und es in den Händen hin und her werfen, d. h. es meistern kann. Dann ist die »unaussprechliche Schönheit« frei, und durch alle kosmischen Zonen hindurch kann der Prinz sie hereinholen in sein Reich.

Aber der größere Aspekt, der Aspekt der zum Erden-Ei zusammenstrahlenden Umweltkräfte selbst, ist im Bild der »Kristallkugel« speziell erfaßt. Er wird in vielen Märchen angedeutet in der Forderung, die Prinzessin *»auf dem Berg aus Kristall« oder »Glas«* zu gewinnen. Im altägyptischen Bild ist dieser Bewußtseinsaspekt noch immanent, ist selbstverständlich, ganz repräsentiert vom prüfenden und geprüften Pharao selbst. Die durchsichtige Struktur des höchst gesteigerten Denkprozesses ist dann im Glasberg-Bild deutlich angefordert. Der übersinnliche Bereich der kosmischen Gedankenkräfte (aus denen man die Verdichtung der Materie getan sah), in dem die Seelen zwischen Tod und Geburt wesenhaft sind, ist eben die Entsprechung zum menschlichen Denken und ist der eigentliche Quell und Ort dafür. Glasberg und Kristallhimmel sind darum zugleich auch Bild für die Seelenwelt nach dem Tod oder zwischen Tod und Geburt. Im Märchen ist aber nicht das das Wichtige, sondern die persönliche Entfaltung und Meisterung der geistigen Kraft des Menschen. Mit ihr kann man lernen, die kristallinen Einstrahlungen von Makrokosmos zu Mikrokosmos zu erahnen, zu schauen. In diesem Wechselspiel kosmisch-irdischer Kristallprozesse der Gestaltungen, in der Schau dieser Verbundenheit ist das Bild der »Kristallkugel« als Erkenntnisaufgabe und Läuterungsziel des »Jüngsten« und »Prinzen« in jedem Menschen begründet.

Rudolf Steiner schilderte den Kristallprozeß des Erdbereichs im Vortrag »Die Johanni-Imagination«. Der Blick des Erzengels dieser Sommervorgänge, Uriels, schaut Zusammenklang und Widerspruch zwischen Kristallformungen der Natur und Verhalten und Handeln der Menschen, er sieht den moralisch-physischen Gesamtprozeß, die Differenz zwischen kosmischem Willen und menschlichem Sein.

Mehrfach erwähnt Rudolf Steiner diesen Kristallprozeß: »Wenn Sie hinschauen auf das Gebirge draußen und einen Quarzkristall finden, so ist er ja gewöhnlich unten aufsitzend, aber da ist er nur gestört durch das Irdische, da greifen ahrimanische Mächte störend ein. In Wirklichkeit wird er so gebildet, *daß von allen Seiten das geistige Element zusammenschießt*, sich ineinander spiegelt, und frei schwebend im geistigen Weltall sehen Sie den Quarzkristall.« (»Das Initiatenbewußtsein«, Vortrag vom 13. 8. 1924). Und: »Wir erblicken in den unermeßlich mannigfaltigen Formen der Kristalle eine Offenbarung einer großen Fülle von Wesenheiten, die sich in mathematisch-räumlicher Gestalt in den Kristallen ausleben. Wir schauen die Götter in den Kristallen an.« (S. o.) Der Nachklang solcher Erlebnisse wirkte in der Ausformung des »Kristallkugel«-Bilds der Märchen sich aus. Dabei ist nicht die Materie gemeint, sondern die geistigen Formkräfte als solche. Sie bilden, man kann vielleicht auch sagen erzwingen, wenn sie es wollen, Materie – sind dann »zersprühende Form« (Rudolf Steiner nannte es so, in »Die Welt der Sinne und des Geistes«).

Das Bild der aus der Sphäre uns durchstrahlenden Kristallkräfte als »Kristallkugel« ist für uns auch im materiellen Prozeß zu ertasten. Die verschiedenen individuellen Gestalten der Kristalle, die im Erdgrund sich zeitenweise ausfixieren, sind im menschlichen Organismus ebenso wirksam, nur minimal oder prozessual. Diese durchscheinenden oder farbig getönten Urgestalten, in Würfeln, Oktaedern (= Achtflächnern), Tetraedern (= Vierflächnern), Sechseck, Rhomben usw. anschaubar, geben die Leitlinien der Gestaltformungen an. Die heutige Kristallographie verfolgt das bis in die interne Gesetzlichkeit der 32 (= 4 × 8) Klassen möglicher Symmetrie-Ordnung, bis in den strengen Aufbau der atomaren, das heißt der Kraftlinien-Strukturen.

Wer also gelernt hat, »die Kristallkugel in Händen zu halten« und zu bewegen, ist fähig, wie ein Pharao (= König), die Gestaltvorgänge der Erde in unserem Sonnensystem aufzuschlüsseln, zu erhalten und im Guten damit zu wirken.

Jetzt stellt sich die Frage, warum die bildprägenden Menschen gerade das Bild der *Kugel* wählten. Es zeigt sich, daß viele und die wichtigsten der Kristallgestalten regelmäßige Vielflächner sind, die exakt von einer Kugel umfaßt werden können. Aber die Kugel ergibt sich als Bild vor allem deshalb, weil alle flutenden prozessualen Wirksamkeiten sich in der Umkreissphäre vollziehen, und diese ergibt sich der Anschauung und der Vorstellung, trotz der bald näher, bald ferner umschwingenden Planeten- und Sonnenbahn, doch als Ganzes im Fixsternumkreis als Idealgestalt des Kugelgesetzes, von außen nach innen bezogen.

Alle alten Kulturen von Ägypten bis Ostasien und Europa bauten ihr Leben und ihre Erkenntnissuche auf den Willen, die Erde in rechte Beziehung zur Sphärenkugel des Kosmos zu bringen. In der Epoche der ersten christlichen Kultur Europas zeigten die großen Bilder in den Kirchen als tägliches Anschauungsgut der Menschen den »christós« mit der Erdkugel in der Hand oder auf der Erdkugel stehend im Kosmos-Umkreis. Das nachrömische europäische Kaisertum zeigte demgemäß den Kaiser, als gewählten und inspirierten Erdverwalter seines Reichs, mit dem *»Reichsapfel«* in der Hand. Das ist im Märchenbild parallel die »goldne Kugel« der Sonnenprozesse der Erde zur Lebensnährung in Leib und Geist, zum »Apfel« geworden. Es gehörte dazu, daß die Handhabung erworben und erdient werden muß: Im Krönungsritual mußte der deutsche König sich in Kreuzform flach auf die Erde legen, das Gesicht ihr zugewandt; der französische König mußte im jährlichen Ritual die Fußwaschung an zwölf Bürgern vollziehen; und der deutsch-böhmische Kaiser Karl IV. ließ in seine Meditationskapelle in der Karlsburg bei Prag die Bilder der Rosenkreuzerlehre malen, nach denen »der Jüngling« (= »der Jüngste«) Holz hacken, Feuer machen in der Küche und den Garten umgraben muß, wie der Prinz des »Eisenhans«-Märchens es stufenweise durchübt und viele andere gleich ihm. Daß nach der Auferstehung des Christus eine der »drei Marien« (= drei Seelenkräfte im Menschen), die den Toddurchgang von Golgatha miterlebten, ihn zuerst in der Gestalt eines »Gärtners« wahrnahmen, gehörte für das Erlebnis der mittelalterlichen Epoche in diese Bilderlehren hinein. Denn die frühen christlichen Gesänge, bis zum 14. Jahrhundert herauf, nannten den Christus den Herrn der lebendigen Erde, die durch ihn aus dem Kosmos heraus gebaut wird. Als Pfleger der Erde, als »Gärtner«, mußte also der Mensch dem Erdschöpfer nachfolgen.

Das Bild der Kräftekugel geht in die Jahrtausende zurück und kommt aus ihnen als ein Urerlebnis des Menschen bis zu uns herauf. Das »Spielzeug« des Knaben Dionysos war die goldene Kugel, eben die strahlende Erd-Umkreissphäre selbst, golddurchströmt. Dionysos wurde dann durch Selbstopfer hindurch der Anleiter zum Ichheits-Bewußtsein der Menschen, die diese Erde bewohnen. Im alten Sumer, 3000 Jahre vor Christus, war bildhaft gesagt worden, daß die schaffenden Geistwesen, die Götter, aus dem gestaltlosen Wogen der Kräfte den *Kubus* der Erde, den »abzū«, formten und damit zugleich diese wogenden Wasserzustände der »tiamāt«-Epoche durchlichteten zur übergreifenden Sternen-Sphärenordnung, zur *Kugel*. Der Kubus ist die Gestalt, in der das Salz auskristallisiert, auch andere Minerale und Metalle, aber vor allem das lebenswichtige Salz, das Steinsalz der Erde, das man einst dem Meersalz vorzog, um die vielen ungeordneten Lebensspuren des Meeres zu meiden. Der Kubus gibt die festen Ebenen her, auf denen der Mensch wandern kann, die rechten Winkel, die ihn stützen. Aber dem *Kubus* mußte die umfassende *Kugel* umschrieben werden; der Mensch mußte in seinem Aufrichten, Ausbalancieren und Sichbewegen den Umkreis erfahren. Der Mensch, ausgespreizt als aktive Fünfstern-Gestalt, kann in den Kreis eingeschrieben werden, kann sich selbst darin einschreiben.

Daß die reale Form, in der sich unser Sonnensystem mit seinen elliptischen Spiralbahnen vollzieht, sich mehr der Ei-Form nähert, war auch den frühen Forschern bewußt. Die meisten Schöpfungsmythen sprechen bildhaft vom »Ur-Ei« und seinen zwei Spannungspolen (= den zwei Brennpunkten einer Ellipse). Aber sie wußten als ideales Urbild wirkend die Kugel, jene Sphäre also, in der die Entfernung aller Umfangspunkte vom Mittelpunkt als dem Impulszentrum gleich ist.

Die alten Völker prägten Bilder, um sich lebensgerecht zu verständigen, aber die Bilder holten sie aus einem sehr umfassenden exakten und stets erweiterten Wissen. Die Forschungsgruppen ihrer Priester-Lehrer gaben auch die Leiter der Schulen ab, die von Sumer und Ägypten an, ab 3000 v. Chr. die Kinder aller derer erfaßten, die Verantwortung tragen wollten. Die Erforschung der mathematischen Grundstrukturen führte vor allem in Ägypten früh zum Aufbau einer höchst intelligenten Mathematik und in Sumer (und dem darauf aufbauenden Babylon) zu einer durchdringenden rechnerischen Erfassung der Astronomie. Aus dieser ägyptischen Kraft zur Struktur-Erkenntnis entstanden die Bilderlehren über die *»Neunheit und Achtheit« der Götter*. Das kann hier nur angedeutet werden, weil es eben zur Kugel-Lehre, also zum Märchenbild-Thema gehört. Um mit Kugel und Kubus rechnerisch praktisch umzugehen, kann man sie in die Fläche, in die Erdebene hineinprojizieren, dann gewinnt man die Symbole von Kreis und Quadrat. Und wenn man die uralte Aufgabe des ägyptischen »Papyrus Rhind«, einer der uns erhaltenen Schriften der üblichen Schulmathematik jener Jahrtausende, nachvollzieht, erlebt man die Bezogenheit von Kugel und Kubus resp. von Kreis und Quadrat, also von Kosmos und Erde, so: Man teile, so hieß es, den Durchmesser eines Kreises in neun Teile und bilde aus acht Teilen davon das Quadrat, dann findet man, daß beide inhaltsgleich sind. Das ist das Erlebnis der Praxis. Für ein abstraktes Rechnen stimmen einige Stellen hinter dem Komma nicht ganz überein. Aber für den lebendigen Menschen waren hier Kosmos-Kugel und Erd-Kubus in eine Beziehung gebracht, mit der man arbeiten konnte. Demgemäß entwickelte man an zwei miteinander korrespondierenden Orten die Forschungen und Lehren, die nach außen als »Neunheit und Achtheit der Götter« ausgebildert wurden, und im Anschauen der Bilder zum differenzierten Erlebnis von Erdkräften und Umkreisraum führten. Da lehrte man im Ort der Neunheit (Heliopolis) die urersten Schöpfungs-Verdichtungen einerseits und die Übungswege der Seelen zwischen Tod und neuer

Geburt andrerseits (zwischen den Leitwesen Atum und Osiris). Im Ort der Achtheit (= Schmun = Achtheitsstadt, für die Griechen dann Hermupolis = Stadt des Hermes) lehrte man die Erdlebensbedingungen des Menschen in Medizin und Mathematik. Beide Orte verknüpfte man durch den Meister der Achtheit, Thot, der zugleich der Seelenführer nach dem Tod war, also die Verantwortlichkeit des Menschen für sein Handeln auf der Erde voll ins Bewußtsein treten ließ.

Es zeigt sich bei genauerem Hinsehen, daß dieselbe Symbolik von Neun und Acht als Kosmos-Kreis und Erd-Quadrat auch im alten Asien galt, in China, später im indischen und südostasiatischen Bereich. Es ist darin also eine Grundkenntnis und eine Grundfragestellung der Menschen ausgeformt. Aus dieser Frühzeit gelangt das Bild der Kugel in die Märchen, die goldne Kugel der Sonnenwirksamkeiten in der Erde, die Kristallkugel als Rundaspekt der formgebenden Einstrahlungen aus dem Kosmos.

Wenn man nun den Prozeß des Bild-Erschaffens, also der Imagination, beweglich halten will, so kann man sich als den anderen Aspekt, als andere Erfahrung des Goldkugel-Bilds, den *Weg des Herakles* aufschlüsseln. Man entfernt sich damit nicht von dem Bildweg des »Zwei-Brüder-Märchens«, sondern vollzieht ihn nur als ein zugleich von außen Anschauender, die Kräftesphären im Außen Erkennender. Der Herakles-Weg ist eine der Vorstufen zur Ausformung der Märchenbilder, die ja dann viel knapper gerafft wurden als die Mythen, weil sie ganz speziell die Persönlichkeitskraft im Menschen ansprechen sollten. Der Kosmosraum der »Kristallkugel« ist für das Herakles-Bild die unausgesprochen selbstverständliche Voraussetzung: man lebte ja in ihm und mit seinen Wesenheiten noch intensiv. Daß Herakles gerade zwölf Taten tut – die die Griechen als wesentlich schon ganz früh aus anderem beiläufig Ergänzendem auswählten –, ist bezogen auf den Fixsternkreis der zwölf Tierkreiszeichen. Die großartig knappe und prägnante Bildformel der drei Goldkugeln oder Goldäpfel und der drei verschiedenfarbigen Pferde, als Bild für den Weg der Läuterung und Meisterung der drei Wesenkräfte des Menschen, ist im Herakles-Bild noch ganz aufgeteilt in den Gesamtprozeß dieses ungeheuer schmerzhaften und mühevollen, lebenslang durchgehenden Weges der zwölf Aufgaben, in denen die Tiere gemeistert werden, d. h. die Triebsphäre in ihren Aspekten, und in denen mit viel Intelligenz und wacher Ausdauer Kenntnis des Lebensprozesses und Erkenntnis aufgebaut werden.

Im großen Phönix-Feuer der Selbstverbrennung (»auf dem Scheiterhaufen«) geschieht zuletzt der Aufstieg zur »Prinzessin des kosmischen Kraftraums«, denn Herakles wird nun verbunden mit »Hebe«, der immer »jungen« Seelenkraft, die aus Zeus und Hera, also aus den damals erdverwaltenden, die Elemente umtreibenden und ordnenden Leitgeistern stammt. Und schon der Name des »Heraklēs« zeigte an, daß er diesem Weg ins Verstehen der schöpferischen Kristallsphäre der Götter, hier der impulsierenden *»Hera«* (= »die Herrin«), ganz zugeordnet ist. Als eine solche zentrale Leitfigur wurde er auch in der Antike empfunden, denn die überwiegende Zahl der Bilder auf den Vasen der frühgriechischen Zeit zeigen Handlungen des Herakles.

Der Weg beginnt mit der Meisterung des rhythmischen Prozesses: der äußerlich unverwundbare *Löwe von Nemäa* wird in der Umarmung des Atems beraubt, er wird im Herakles-Mensch integriert, der von nun an das Löwenfell als Zeichen umlegt und aus dem Haupt des Löwen schaut. Der Weg führt den Erdball irdisch umschreitend, ihn reinigend (im »Auftrag« des Helios-Sohns *Augeias*), ans Tor der Unter- und Innenwelt seelisch-geistigen Seins und chthonischer Kräfte kommend und da heraus den Schützer der Schwelle im wachsten Blick bannend, ihn den Mitmenschen zeigend (den dreiköpfigen Hund *Kerberos*, mit dem im Blicktausch ihn die Vasenbilder zeigen). In Eleusis eingeweiht ins Wissen der irdisch-kosmischen Wechselprozesse, so kommt der Herakles an die Erdgrenzen, übers Meer getragen nur von der Sonnenkraft (dem »*Goldbecher* des Helios«, der goldenen Sonnenbahn), die er erkennt (eine Erkenntnis zugleich des irdisch-funktionellen wie des geistig-initiatorischen Zusammenhangs). So erreicht er den *»Lebensbaum«*: der ist aus der Kraft der Erdherrin Gaia in der Zuwendung zu den die Menschenwege dirigierenden Leitgeistern Zeus und Hera gegebenes Faktum, »zur Hochzeit« der beiden, also im Ansatz der Dynamik der menschlichen Entwicklung gegeben. Die Griechen sahen in der Äpfel-Aufgabe zwei Aspekte: den früheren, da Herakles noch die Hilfe des im Dienst des Zeus das Himmelsgewölbe tragenden Titanen, des weisen *Atlas*, brauchte, um den Äpfeln zu nahen, und den späteren Aspekt, in dem man den Herakles selbst in das todbedrohte Reich des Lebensbaums hineingehen wußte: Er bändigte einschläfernd die immer wachende *Schlange* am Baum, und mit den pflegenden *Hesperiden* zeigte man ihn (auf den Vasenbildern) im Gespräch.

Immer hilft die *Athene*: die mutvolle Bewußtseinskraft aus dem Zeus-Willen, die den Menschen allen Umgang mit den Dingen der Erde lehrte. So kann er die Goldäpfel, die Früchte des erddurchwirkenden Sonnenbaums, herüberbringen ins Hier und Jetzt. Von dieser Kraft des hellen Wachseins und aktiven Handelns werden auch die anderen Helden geleitet, aus deren Bereich jeweils Wesentliches in die Märchen übertragen wurde. *Theseus* ist Sohn einer Priesterin der Athene, und dem *Perseus* hilft die Athene ganz zentral im Spiegelungsprozeß des Bewußtseins, dem *Iason* hilft sie, den Drachenkampf zu bestehen (den auch der Herakles auf andere Weise mit dem vielköpfigen Wasserdrachen, der Hydra, leistete, als ein Grundfaktum), und dem *Odysseus* ist die Athene im langen Einweihungsweg schrittweise die helfende Schützerin. Nie wird die Helle der Wachheit gelöscht. Die anderen beiden der sieben zentralen Helden der antiken Urbilderlehre, Orpheus und Oidipous, führen den nun geprüften, auf die Erde gestellten Menschen eine Stufe weiter, sie unterstehen dem Apollon oder dem Dionysos. Das große ordnende Aussagen ist dem Apollon-Sohn *Orpheus* als Aufgabe gegeben, die tragisch erlittene Erkenntnis der notwendigen Metamorphosen, der ständigen Verwandlungen, ist die Erfahrung des *Ödipus*, der aus dem Haus des Dionysos der Semele kommt.

Die fünf griechischen Helden, die der Leitung der Athene folgen, zeichnen Grundaufgaben der Persönlichkeitswerdung. Auf dieser Basis sind die Leistungen des Orpheus und des Ödipus erst möglich. Aus den Grundaufgaben sind die Bilder der Märchen herausgeformt, die nun aber die Elementarerlebnisse der ägyptisch-babylonischen Epoche neu einbeziehen, also die ägyptischen Märchen und die Elemente des Gilgamesch-Wegs, der in seiner noch ganz im Göttergespräch verwobenen frühzeitlichen Sprache die späteren Märchen-Themen andeutete: das Lebenskraut, den Lebensbaum, die Unterweltserfahrung, die Erkenntnis der Sonnenkräfte (im Sieg über Humbaba). Die Märchenbilder sprechen dann die in sich geschlossene frei verantwortende Persönlichkeit in gezielten Abläufen der Übung an. Dabei ist in den aktiven, die Erde erkennenden, umgestaltenden (und endlich auch auflösenden) und in Geiststruktur erfassenden Kulturen der Weg von Anfang an als *Bewußtseinsforderung* gezeichnet. Das führt von der göttergelenkten, »mythischen« Zeit durch die personabgrenzenden Epochen der Seelenübungen religiöser Wahrnehmungen und des Aufbaus der Logik und des Instrumentariums der Wissenschaften im Licht der Wachheit des Athene-Bewußtseins zum Ziel der selbstlosen Erkenntnis des Wirkens der guten Götter.

Die Herakles-Taten in ihrer Art der Meisterung der physischen, astralischen und lebensbildenden Kräfte, je nach Aufgabenstellung, zeichnen speziell den griechischen Weg zum »Horus-Sein« des Menschen als Göttererbe. Als Leitbild-Heros zeigte er und zeigt den nachfolgenden Imaginierenden den Weg zum individualisierenden Pharao-Sein (s. O. Stumpfe, »Die Heroen«).

Wenn man den imaginativen Prozeß vereinfacht, aus dem Kosmos zur Erde hinführt, ergeben sich die Ausprägungen der Struktur des handelnden Menschen selbst. Es ergibt sich die Bildwahl für die Dreiheit der Wesenskräfte in Beziehung zum Sphärenkreis, den es hereinzuholen gilt: die drei goldnen Äpfel, die Dreiheit der Brüder der Kristallkugelsuche, die Meisterung der drei Pferde, die drei Goldkugeln – je nachdem, welchen Teil des Wegs man ausleuchten will. Das Beispiel des Märchens vom *»Froschkönig«* (Grimm) zeigt die erste Stufe in knappester Kontur: die runde Aufgabe, den »Goldball« der Sonnenwirkung im flüssigen Element der form-erwartenden Lebenssäfte (»im Waldteich«) zu erkennen, also aus dem spielerisch-unbewußten Umgang (»Spielzeug der Prinzessin«) ihn heraufzuholen ins Bewußtsein. Der Sinngehalt des Märchens wird erst deutlicher im Märchen von der »Itsche« (Grimm), eindeutig aber erst im russischen Märchen von der *»Zarin Frosch und dem Helden Iwan Johannes«*, denn dort gibt sich die Zarin Frosch endlich dem Forschenden und Mutvollen zu erkennen als *»Wassilissa die Allweise«*, als Königin der Lebenskräfte also. Das Rätsel der wassertropfenrunden Erd-Lebensgestalt, »den Frosch«, mit Fragegewalt »an die Wand zu werfen« (Wand der Fakten und der Begriffe) ist eben der Eingangsschritt in die Welterkenntnis. Und die Verläßlichkeit des persönlichen Seins (der Königsvater mahnt: du hast versprochen – nun halte das Wort) auch gegen den zweifelnden Spott (der Geschwister zur Zarin Frosch hin) ist hier die Kurzformel für die Läuterungsprüfungen des anderen, groß ausgebilderten Modells der »Eisenhans«-Geschichte (Grimm).

In allen diesen Bildgeschichten steckt als Kern die Aufgabe des Menschen, in den drei Lebenszonen (Erde, Wasser, Luft) und in seinen drei Wesenskräften (Denken, Fühlen, Wollen) durch sein Ich (im Element der Wärme, des »Feuers« wirkend) Meister zu werden, »König«, Pharao zu werden. In einer Kurzformel heißt es dann, »*das Pferd* zu meistern«, also die intelligente Struktur der organischen und anorganischen Gestalten und Prozesse unseres Sonnensystems (= Goldkugel) in selbstloser meditativ geschulter Wahrnehmungsfähigkeit zu erkennen, und dann sie zu meistern und zur guten Ordnungsfähigkeit hin einzusetzen. Das Pferd als Repräsentanz dieser Intelligenzstruktur wird erst in spät- und nachantiker Zeit Symbol, die Zähmung des Wildpferds geschah erst gegen 2000 v. Chr., und erst die einfallenden Hyksos brachten es um 1700 nach Ägypten. Die älteren Imaginationen drängten noch nicht die drei Sphären zusammen in die Dreiheit oder Dreifarbigkeit der Pferde, die der Prinz meistern lernt, sondern lebten ganz in der Fülle der drei Kraftfelder, wie die zwei Brüder im ägyptischen Märchen sie durchleiden mußten, um Pharao zu werden. Aber diese und alle späteren Nuancierungen in drei Früchte, Goldkugeln, Pferde umwerben nur von verschiedenen Aspekten her dasselbe Grundanliegen des Menschen, der zur Steigerung seiner Wahrnehmungskräfte strebt und in die Fähigkeit der Imagination hineinreift: um Meister zu werden in den Kräftefeldern unseres Daseins.

In der Geschichte vom *»Eisenhans«*-Prinzen (Grimm) wird diese Aufgabe ganz betont auf die Persönlichkeitskraft des Menschen hier und jetzt, heute und morgen gezielt. Das ist die besondere Aktualität dieser Bilderfolge. Der Prinz gewinnt Einsicht und Überblick, übt die sachlich dienende Läuterung des Egoismus und gestaltet seine Fühlens-, Denk- und Willenskräfte (auf dem roten, dem weißen, dem schwarzen Pferd) so streng um zum lauteren Instrument, daß er die drei Goldäpfel als Herrschaftszeichen (seines »Reiches«) gewinnen und halten kann und mit den Kräften des »Eisenhans« zusammenwirkt in seinem Tun, in seinem Lebensbereich. Er kann die dunkle Materie (auf dem »schwarzen Pferd« reitend) meistern im Sinn einer geistigen Durchhellung. Das ist gemäß dem polar ergänzenden Bild der Prinzessin »Allerleirauh« (Grimm) im »diamantnen Gewand«. Diamant ist auskristallisierter Kohlenstoff, also der durchsichtig gewordene Kubus der Erdmaterie, in der nun das Wirken des Fixstern-Umkreises erkennbar und in die liebende Verantwortung des Menschen hineingenommen wird.

Der *»Eisenhans«*, diese große wilde Natur, rostrot-braun überflammte Gestalt, von den langen Haaren am ganzen Leib umwellt: das ist im europäischen Mittelalter bis ins 19. Jahrhundert hinauf der *»Wilde Mann«*. Er wird als gefährliche, aber nicht bösartige Einzelgestalt oder in friedlichen Familienidyllen im Walddickicht gemalt, gezeichnet und in Steinplastik dargestellt. Noch Friedrich Schiller wuchs im Elternhaus in Marbach (Neckar) angesichts des gegenüberstehenden Brunnens mit dem Wilden Mann auf. Über dem Achteck des Brunnens steht hütend noch heute der bärtige, zottig umhüllte Waldgeist.

Im Wilden Mann ist, als Erlebnis und Bild, die unsichtbare Elementargeistigkeit verdichtet, die im vegetativen Aufbauen der Pflanzenwelt und des Menschen wirkt. Wie der junge Menschenprinz des Märchens – d. h. jeder einzelne Mensch, denn jeder ist ja Kind des Kosmos und Herr seines Umraums, ist also »Königs

In Meersburg/Bodensee steht das Gasthaus »Zum Wilden Mann« vor dem Stadttor, und an der Seepromenade stehen der Wilde Mann und die Wilde Frau im Stadt-Wappen über dem »Grethaus«, d. h. dem zentralen Umschlagplatz aller einst über den See geführten Waren. Im Wappen halten die beiden Waldwesen schützend die alte Burg des Städtchens, die Dagobertsburg aus dem 6. Jahrhundert: Im Schutz der Naturwesen fühlte man sich geborgen. Photo Wolff-Seybold sohn« – sich durch das Reich des wilden großen Eisenhans durchlernen und durchdienen muß, so wurde es einst, etwa 4000 Jahre v. Chr. ähnlich schon bei den Sumerern im Zweistromland und den nachfolgenden Babyloniern im »Gilgamesch-Epos« berichtet von dem Naturkind *Enkidu*, das dem *Gilgamesch* half, das klar abgegrenzte irdische Menschenreich aufzubauen: Stadt und Staat und ihre Frucht, die menschliche Kultur. Von Enkidu wird erzählt, daß er, am ganzen Leib haarumzogen, als Freund der Tiere im Wald aufwuchs, sich erst langsam herausschälte aus der Hülle und reif wurde zu großen Taten der Erkenntnis und Verwandlung. Die vollbrachte er im Diesseits und »Jenseits« mit und für Gilgamesch, den großen königlichen Freund und Stadtgründer, noch inspirierten »Göttersohn« (= »2/3 Gott, 1/3 Mensch«). Enkidu war also nicht das Elementarwesen selbst, sondern der Mensch, der aus der Naturhülle herauswuchs, wie aus einem Traum erwachend ins Erkennen.

In der Imagination der Sphäre des Wilden Manns erlebte man etwas wie eine Einheitssphäre oder die Basissphäre jener beiden Zonen des Zwei-Brüder-Märchens Ägyptens, Pflanze und Tier, Ätherizität und Astralität. Die Schmerzen des Durchgangs des Jüngsten-Bata von Ägypten sind die Prüfungen zur Meisterung der eigenen egoistischen Triebhaftigkeit in den späteren Märchen.

Der Wilde Mann wurde im Mittelalter in vielen Bildern, Kupfer- und Holzstichen dargestellt, wie er auf dem Weg von Stadt und Dorf zum Wald hin eilig ausschreitet, eine große Stange über der Schulter, an der er einen kleinen Knaben gebunden trägt. Die Geschichte zum Bild erzählt das Märchen vom Eisenhans. Die jetzige Fassung des Märchens wurde erst 1844 in die Sammlung der Brüder Grimm übernommen nach den Berichten aus der Maingegend und aus Böhmen. Vorher hatte Grimm die Geschichte in der gröberen westfälischen Fassung aufgeschrieben, die noch »Der wilde Mann« benannt war. In diesen früheren Fassungen wurde betont, daß man den Wilden Mann, den Herrn des Waldes, fangen wollte, »weil er die Kräfte und die Geheimnisse des Waldes kannte und unbändig stark war. Eben wegen dieses Wissens und dieser Kraft will der König sich seiner bemächtigen«, schrieb Professor Friedrich von der Leyen (1873–1956), der Altmeister der neueren deutschen Märchenforschung (»Das deutsche Märchen«). Er faßte zusammen: »Kein anderes Märchen hat so viele Verwandte im Mittelalter« wie das vom Eisenhans (oder von ›Goldener‹), und »seine Verbreitung läßt sich kaum übersehen«.

Den Wilden Mann zu kennen hieß die mächtigen und vielschichtigen Naturprozesse in Pflanzen und Bäumen und den durchwirkenden Wasserquellen zu kennen. Seit frühesten Zeiten und in allen Kulturen erzählte man sich, daß es für den Menschen darum geht, den großen Herrn der Natur, des Waldes und des Wassers zu erkennen oder durch die intelligente Geduld des Menschengeistes zu »überlisten«. Aber was in Mythologie und Märchen »List« heißt, ist als Terminus technicus Ausdruck für die objektive Notwendigkeit der Meisterung durch das Bewußtsein. Das jedoch ist nur dann gerechtfertigt, wenn der überwindende Held zuerst und zugleich sich selbst überwindet, seinen Egoismus, seine selbstsüchtige Triebhaftigkeit. Durch strenge und lange Prüfungen wird der Held (Prinz oder Prinzessin, Sohn des Fischers, der Witwe usw.) geläutert. Er ist dann nicht nur Überlister: Er wird der Befreier des Naturgeistes aus dem Bann des bloßen leiblichen Wiederholungszwangs, der den Tod des Bewußtseins bedeutet.

In der griechischen Bildersprache (= »Mythologie«) wurde diese Meisterung der Naturerkenntnis durch den Menschen so ausgedrückt:

Herakles durchschreitet den Erdumkreis mit den »zwölf Taten« der zwölf Tierkreiszeichen und erkennt ihn also. Auf diesem Weg verwundet er zwar seinen Lehrherrn, den weisen Kentaur *Chiron*, der der Natur-Lehrherr aller griechischen Helden war. Aber er verwundet den Chiron unabsichtlich, nicht auf ihn gezielt, mit den Pfeilen, die er ins Blut des besiegten Drachen (= Hydra, Wasserschlange) getaucht hatte. Und er bewirkt nun damit zugleich, daß Chiron sein in der bisherigen Form unheilbar schmerzhaft gewordenes Sein für seine reif gewordenen Schüler hingibt: er befreit dadurch *Prometheus*, d. h., er bringt die Tat des Prometheus zur vollen Offenbarung. Prometheus (= »der Vorauswissende«) aber hatte den Menschen »durch List« das Feuer vom Himmel gebracht, also die Kraft der Erkenntnis und der Verwandlung der Stoffe durch die Feuerschmelze. Er konnte aber diese Tat nicht eher in Freiheit vollenden, als bis der Mensch wirklich die Naturprozesse durchschaut und seine Seele auf dem schmerzhaft mühevollen Herakles-Weg geläutert hatte. Prometheus wurde von der »Fesselung an den Fels« der Erdmaterie befreit, als der Lehrmeister Chiron seine Aufgabe an den Menschen getan hatte und sich nun aus der Erdnähe zurückzog in den Umkreis der kosmischen Einstrahlungen. Man schaute ihn dort als den Repräsentanten der Kraftwesen, die aus dem Tierkreiszeichen des »Schützen« wirken, zielend gegen die Verknöcherungskräfte des »Skorpion«. Zu dieser Verwandlung gab Herakles auf seinem Lehrweg den notwendig gewaltsamen Anstoß. In einem russischen Märchen, das eine Parallele zum »Eisenhans«-Märchen ist, in der Geschichte vom »Ich-weiß-es-nicht« (aus »Iwan-Johannes«) muß der Held seine Prüfungskämpfe auf dem durch die eigene Wachheit aus der Erdtiefe gewonnenem »Pferd« gegen den »Kentaur« führen, einem unzeitgemäß verspäteten Chiron-Typ. Der Kentaur: mit menschlichem Oberkörper über dem Pferdeleib, d. h. noch dumpf in die Naturvorgänge verstricktes Wesen, das die in den Naturgestalten verkörperte Intelligenz nur instinktiv wahrnimmt. Das Pferd war stets das Bild für die Naturintelligenz. Der Mensch muß sich herauslösen, das Pferd als freier Reiter meistern.

Man muß diese verschiedenen Gesichtspunkte kennen, von denen aus die Menschen durch die Jahrtausende ihrer Bewußtwerdung hin den Naturherrn umkreisten, den sie als den geistig-irdischen Dirigenten der Elementarwesen des Wassers und der Pflanzen wahrnahmen oder vermuteten. Alle alten Kulturen bis in unser 17. Jahrhundert herauf sahen in den *»Kräften«* geistige *Wesen* wirken, Götter verschiedener Stufen oder dienende Elementargeister. Seit hundert Jahren neigen die Psychologen dazu, nur personifizierte Kräfte in den alten Geisternamen zu sehen. Wofür man sich entscheidet, ist Sache des Lesers.

In vielen Variationen wird das gleiche Grundthema des »Naturherrn« angeschaut, ob nun der Märchen-Vater den Sohn in die

Lehre des »Meermanns« verspricht oder dem Wilden Mann des Waldes aussetzt oder ihn zur Überwindung des Kentauren reifen läßt. Immer geht es um die lange Lehrzeit in der Stille der Natur und der Besinnung im Durchdienen der drei Stufen menschlicher Lebensordnung, bis man dreifach und das heißt auf den drei verschiedenfarbigen Pferden die goldenen Äpfel oder Kugeln gewinnt und damit die Prinzessin (die Seele) des wahren Königreichs der geistigen Wirkkräfte. Erst dann wird ganz offenbar, daß der Menschengeist (der Prinz oder Held) sich das Gold-Leuchten aus dem den Geist erkennenden Haupt erworben hat, die *»goldenen Haare«*. Dabei ist es dann gleichgültig, ob der leibliche Mensch (= Leser oder Hörer) schwarze oder braune Haare hat, denn es geht um die Gewinnung des unsichtbaren Lichts, der strahlenden Aura, die im Heiligenschein östlicher und westlicher Kunst abgebildet ist. Es geht also um volle Kraft und ausstrahlende Freude an der Erkenntnis der Wahrheit, um die selbstlose Lust am Eintauchen in die objektiven Zusammenhänge alles Seienden.

Diese Goldhaar-Aura des Jüngsten der Märchenbild-Übungen ist im Pharao-Königswerden des »Zwei-Brüder-Märchens« immanent ausgesagt. Der Pharao trug über der Stirn die aufrecht hochgewölbte Weisheits-Schlange (= Uräus), und in den Lichtraum hinaufgestellt die Krone der beiden Reichsteile, in Wasserbinse und Blütenbiene symbolisiert. Als inspirierter »Horus« ist er von der den Raum durchwogenden Falkenkraft des Lichtmeisters Osiris erleuchtet. (Es gibt Abbildungen, die das vergegenwärtigen.)

Der Held oder »Prinz« in Mythologien und Märchen wird durch die Seelenprüfungen von den dumpfen Selbsttäuschungen geläutert, denen die Menschen unterliegen. Die Triebe überwallen dann nicht mehr die freie geistige Kraft des Erkennens und Handelns (wie die versucherische »Frau des älteren Bruders, Anubis«). Anstatt eng und dumpf sich selbst zu verherrlichen, in die eigene Tasche zu raffen, offen oder unterbewußt getarnt vor sich selbst, sieht man nun das Ganze. Statt des wüsten oder süßen Dickichts der Selbsttäuschungen, Selbstsüchte und Sippenhorizonte öffnet sich der Einblick in die durchströmenden Zusammenhänge aller Kräfte im Ganzen des Sonnensystems und seiner Lebensgemeinschaften. Man erkennt, in objektiv werdender Heiterkeit oder Gelassenheit, immer deutlicher und lichtheller die Ordnungszusammenhänge des Ganzen, des lebendigen Ganzen. Man gewinnt also, bildhaft gesprochen, »die drei goldnen Kugeln« oder »die drei goldnen Äpfel«. Die zur Weltseele geweitete persönliche Seele, die »Prinzessin«, zeigt sie uns nun, wirft sie uns zu, ins Licht hinaus. Denn der Geist im Menschen, der »Prinz« oder »Held«, kann sie nun wach auffangen und als Modell seines Handelns hier und jetzt erschließen.

Mit dieser Stufe ist der Prinz aus der Eisenhans-Lehre ins Freie hinausgewachsen. Er wird zum Kämpfer für das Gute, zum Vollzieher des Guten und kann die Naturkräfte durch den guten Willen seines Wesens auf rechte Art weiter entwickeln. Der Held der Bildersprache wird zum Vollzieher des Guten in der Welt, leidend, lernend, kämpfend, verwaltend. Die Imaginationen (der Mythen und Märchen) leiten auf leise, aber unerbittliche Weise zum Erkennen der objektiven Spannung in der Zweiheit zwischen Gut und Böse, die durch alle Nuancierungen des Zeitablaufs hindurchgeht. Man erfüllt sich mit der Gewißheit, daß man das Böse erkennen, bekämpfen und überwinden kann und muß, damit das Gute bestehe und leuchte. *»Das Gute«* aber umfaßt eben die Erkenntnis des Kosmos und der drei Seinsfelder. Man erkennt sie z. B. in den drei Verwandlungen des Bata von Ägypten oder der Goldfrucht-Seele der Drei-Äpfel-Märchen. Übt man ein solches Erkennen, so findet man sich allmählich auch in den Imaginationen der eigenen Träume (soweit sie wesentlich sind) zurecht. Man gewöhnt sich, in Spannungsfeldern zu denken und zu leben. Die alten Bilder gewöhnen an die Polarspannung in der Dreiheits-Rhythmik.

Polar sind da Geist und Seele, aber zugleich komplementär, da sie die räumliche Weltordnung schaffend, fühlend, verwandelnd wirken. Davon sind die Erscheinungsformen des Männlichen und Weiblichen Abwandlungen und geben als »Prinz« und »Prinzessin« die Bilder, um das gemeinte Übergreifende durchfühlen zu können. Hat man das erkannt, so kann man von daher die drei Kräfte unserer Wesens-Äußerung – Denken/Fühlen/Wollen – durchgestalten, mit ihnen den Umkreis des Menschen erkennen, die gewölbte Sphäre unseres Sonnensystems und die Vorgänge unseres Erdballs und sie auf die rechte Weise beeinflussen. Die Aufgabe ist, *die polare Spannung durch die Dreiheit zu überhöhen* und zu umgreifen.

Das ist speziell der Aspekt des Eisenhans-Märchens. Allerdings wird dieser Weg darin auf eine sehr stille Art gezeigt, so, daß man die kompromißlose Strenge und Genauigkeit der Schritte und die harten Forderungen der Selbstüberwindung nicht so deutlich sieht wie in manchen anderen Märchen. Es geht hier eben mehr darum, daß man die Schritte des Wegs erkennt, als um die Härte der Kämpfe und Selbstverwandlungen. (Dafür stehen hier nachher noch einige andere Bildbeispiele, in denen der Kampf um die Erkenntnis und Meisterung der Naturvorgänge mehr ausgebreitet wird.) Für den Eisenhans-Prinzen geht es darum, sich schrittweise persönlich so durchzugestalten, daß er die erkannten Gesetzmäßigkeiten im Handeln sinnvoll zum Guten hin auswirken kann.

Man muß auch die scheinbar leisen und neutralen Bilder ganz anschauen und sich entfalten lassen, sie mit-üben. Es handelt sich ja immer im Märchen um wesentliche Mitteilungen: der deutsche Begriff »mär« und »Märchen« kommt von einem Wort, das »groß, bedeutend« heißt und die Erzählung wesentlicher Handlungen weitergeben soll.

Der junge Mensch hier, *der Eisenhans-Prinz*, wächst auf in einer vorläufigen Ordnung, wie das ja jederzeit für jedermann der Fall ist, denn nichts in allem Sein steht ja still, sondern es ist immer im Werden und muß immer die nächsten Schritte ertasten. Nun spielt jedes Märchen (und ähnlich jede Heldenmythe) immer im Menschen selbst: die handelnden Personen sind aufgeteilte Kräfte des Menschen selbst, und auch »Prinz und Prinzessin« ist im Grunde immer im einen Menschen, es ist Seele und Geist, die zusammen wirken müssen, wenn das Tun stimmen soll. So also ist »der Vater« des Prinzen, *der »alte König«*, eben das vorgefundene Sein der Menschennatur der jeweiligen Inkarnation und zugleich auch die eingeborene Neigung des Menschen zur Trägheit. Der alte König hier hat die Erkenntnis der Weltkräfte der Natur nur bis zu einem gewissen Grad vorangebracht, soweit es bisher zur Ordnung ausreichte, und er hat das auch oft nicht durch eigene harte Bemühungen errungen (wie jene Königsväter der Märchen, die vom Sohn fordern, das Pferd und den Weg neu zu finden, den sie einst selbst erkämpft hatten. So wie einst des Theseus Vater seine Waffen unter dem Gestein verbarg, damit der Sohn sie hebe), sondern es wurde ihm von außen her noch geschenkt. Aus einer intuitiven Religiosität heraus fand er sein Tun genügend gesichert, und es kam, so heißt das im Bild, »ein fremder Jäger«, ein geheimer Meister im Umgang mit den Gewalten der Natur. Der bändigte den Wilden Mann, den Eisenhans, und im Hof des Hauses wurde er eingehegt im Käfig.

Der »Prinz« *spielt nun im Schloßhof*, d. h., im Innengehege seines Lebensraums tastet er sich spielend in die Einübung der Wahrnehmungskräfte hinein. Der »Prinz« ist die immer junge Erneuerungskraft und Verwandlungsfähigkeit im Menschen, das immer Jüngste, immer Junge. Er spielt mit vorgefundenem Sein, d. h., er hat den *»goldenen Ball«* der Lebenszusammenhänge in den Händen von Geburt her, aber ohne ihn zu kennen. Mit diesem Ball spielt auch die Prinzessin vom »Froschkönig-Märchen« und mancher andere noch. Der Ball fällt schließlich dicht an den Wilden Mann, also an die innerste Kraft der Lebensvorgänge heran, er fällt »in den Käfig hinein«. Nun kann man nicht mehr damit spielen, man muß fragen. Der Prinz bittet den Wilden Mann, Eisenhans: Gib mir den Ball wieder! Der Eisenhans antwortet: Ja, aber jetzt nur, wenn du Verzicht und Leistung dafür gibst. Denn in der Aufforderung, den Schlüssel unterm Kopfkissen der Mutter herauszuholen und den Käfig zu öffnen, liegt ja unausweichlich die Folgerung, die unbewußt naive Geborgenheit zu verlassen und hinauszugehen in den dunklen, großen, rauschenden »Wald« der wirkenden Kräfte und darin zu fragen und zu lernen. Erst am Ende des langen Lehrweges kann man die Anknüpfung des neuen Wegs an den alten ererbten Bestand wieder tun. Aber das ergibt sich nur aus dem Mut zum Risiko des Absprungs, des Nicht-zurück-Schauens ins Alte, unter dem Wort des Eisenhans: »Vater und Mutter siehst du nicht wieder.«

Man darf das nicht sentimental auffassen: Alte Bildsprachen sind, wenn sie echt sind, streng und objektiv, auch ihre Gefühlserörterungen sind ohne Kompromisse. Die Abstandnahme vom familiären Geborgensein in der Geburtssituation ist für jeden Menschen nötig, wenn er frei und reif werden soll. Daß die Jungen und Jüngsten der Märchen und Mythen von zu Haus fortziehen, ist also nicht Lieblosigkeit, sondern gehört zur Entfaltung des verantwortenden Menschen.

So läßt sich der Prinz auf der Suche nach dem Urbild des goldenen Balls von den Kräften des großen Eisenhans mit hinaustragen in den Wald. Der *»Wald«* ist das Bild für die Fülle der Weltkräfte, die in der Natur, der Seele und dem Willen des Menschen wirken und zuerst draußen aufgehellt werden müssen. Dieser Wald ist streng und gefährlich, aber nicht böse. Der Eisenhans ist gut zu dem Knaben und spricht zu ihm von den verborgenen Schätzen, die er habe. Er gibt dem Prinzen den Auftrag, den Zugang zu diesen Schätzen und ihr Wirkzentrum zu hüten: den »Brunnen« des kristallinen Goldwassers soll er vor Verunreinigung schützen. Der *Brunnen* bedeutet, als Bild, die Tiefe und Fülle der Wirkkräfte der Natur, sie sind kristallhell und edel wie das edelste und harmonisierende Metall, das Gold. Man darf sie nicht durch egoistischsüchtige Triebe, trübe Wirbel und die vom inneren Wandlungsprozeß abfallenden Schlacken-Blätter verletzen. Der Prinz soll darum auch die abfallenden Blätter der umgebenden Bäume fernhalten, denn das Wasser des Quellbrunnens ist die Kraft selbst, die die Metamorphosen, die Verwandlungen der Lebensgestalten, immer wieder nährt.

»Drei Tage« sitzt der Prinz am Brunnen. Dies Gesetz der »drei Tage« ist der Rhythmus aller alten Einweihungsvorgänge der Mysterienorte. Er ist nötig, um Lösung vom alten Zustand, Eintauchen in die Weltganzheit und Wiederbeginn auf neuer Stufe zu ermöglichen. Dieser Rhythmus ist im Realsymbol von Tod und Auferstehung des Logos Christós ebenso eingehalten, wie er in den drei Tagen nach jedem Tod als Ablösungs- und Rückschau-Zeit eingehalten wird, ehe man die verlassene Leibgestalt der Erde übergibt.

Die drei Tage des Prinzen am Brunnen des Eisenhans rufen die drei Kräfte von Denken, Fühlen und Wollen an. Es sind drei Zeitabschitte lernender, meditativer Beobachtung der Dinge und der flutenden Lebensprozesse darin. Der Prinz vollzieht so die Spiegelung, die diese Vorgänge in der Seele des beobachtenden Menschen finden und sie dadurch weiten und verändern. Dieser Spiegelungsvorgang ist intensiv, »der Prinz schaut sein eigenes Gesicht an« innerhalb der flutenden Lebensabläufe ringsum, er durchdringt sich mit Erkenntnis, »seine Haare tauchen ein« und werden ganz goldene Strahlenkreise um ihn herum. Das Bild der *»Haare«* als feinste Nervenverbindung zur Umkreisstrahlung ist uralt. Man kennt es aus der Geschichte von Samson und Dalila und weiß, daß die keltischen Priester in Alt-Europa, die Druiden, und ebenso die freien Fürsten und Adligen, die mit ihnen zusammen wirkten, ungeschnittene lange Haare trugen. Im alt-europäischen Bereich hatte nur der Unfreie, der Gefangene kurze Haare. Erst mit der notwendigen Entwicklung des vordergründig gezielten Intellekts, der nicht mehr so sehr nach den wirkenden Kräften als nach den äußeren Zusammenhängen forschte, setzte sich auch das kurze römische Rundhaar und die Tonsur durch. Daß die Priester der allerältesten Hochkulturen, der Sumerer und Ägypter, mit kahlgeschorenem Haupt- und Kinnhaar und nackt im Allerheiligsten allein mit den Göttern sprachen, geschah aus dem Willen zur Abgrenzung der Tierheit und gemäß der frühesten Bewußtseinsstufe, in der der Mensch sich noch ganz unmittelbar hineingestellt fühlte in die wirkenden geistigen Kräfte, aus denen die Wechselgestalten der Materie hervorgehen. Daß die Prinzen in den Mythen und Märchen aber die goldenen (nicht leiblich blond, sondern geistig-aurisch leuchtenden) Haare sich erwerben müssen, meint nun die allmähliche Neu-Erwerbung der Beziehung zu den geistigen Struktur-Kräften der Welt.

Man muß sich diese intensive Wahrnehmung des Prinzen am kristallinen Goldbrunnen des Eisenhans in der ganzen Fülle der Außenwelt vorstellen. Aber nicht im platten Sinn naturalistisch, so daß man grübelt: ja, wo schläft denn der arme Junge, und wer bringt ihm sein Essen? Diese Vorgänge sind Selbstverständlichkeiten, die je nach dem individuellen Milieu des Hörers oder Lesers als »Prinz« oder »Held« sich vollziehen. In den Erkenntnisaufbau der Naturvorgänge gehört es, »am Waldbrunnen« zu erkennen, daß die Pflanzen – also die pflanzenhafte Waldwelt – mit Wurzeln, Kraut, Früchten die *eigentliche* Nahrungsgrundlage des Chemismus des Lebens sind. Denn auch die Fleischfresser können nur leben von den Wesen, die sich durch Pflanzen aufbauen: Der Löwe schlägt nicht den Löwen, sondern die Pflanzenfresser, die Antilope und das Zebra und das Kamel oder das Rind. So bedeutet die Lehrzeit am goldenen Waldbrunnen durchaus das Kennenlernen der Nahrungsvorgänge und der Holz- und Stein-Kräfte, die als Schilfrohrhütte, Blockhaus, Tonziegel- oder Bruchsteinhaus Schutzhülle für den Menschen werden, und wovon der Beton nur eine letzte technisch hochentwickelte Variante gibt.

Die naturalistische Frage eines heutigen und noch nicht wieder auf die Bild-Sprache eingeübten Lesers ist verständlich, aber sie ist falsch gestellt, denn die Erkenntnis dieser Ordnungen des äußeren Tagesablaufs ist ja inklusiv mitgemeint in der Forschung, sich in *die Lehre am Waldbrunnen* zu begeben. Da sitzt der Prinz und beobachtet und horcht und meditiert, er erkennt das Steigen und Fallen des Wassers im Aufbau aller Gestalten, in Wurzel und Stamm, in der Saftschicht unter der Rinde, die hinaufführt zu den Blättern und Früchten. Er unterscheidet die Verwandlung des Wäßrigen in die Säfte der Pflanzen, die violetten Holunderbeeren und ihre duftend weißblühenden Büsche oder die roten herben Vogelbeeren oder das Öl der Bucheckern in dreikantiger Schale. Er unterscheidet Nadel- und Laubformen, Verwandlung der Säfte in Blut und Lymphe der Tiere, deren Rufe und Singstimmen er hört. Er nimmt wahr, wie der Wald die Feuchtigkeit der Regen und Wolkenzüge hält und ringsum die Felder und Gärten der Bauern gedeihen läßt, je nach den Wirkungen der erdumkreisenden rauschenden Winde. Er unterscheidet die Vielfalt der Formen, der Charaktere in Pflanzen und Tieren und erkennt allmählich das Zusammenspiel.

Das *»Wasser«* als Elementarform des Flüssigen durchzieht alles Leben, und in seinem Erkennen findet sich die Seele des Menschen in ihrem Eigensein. Spiegelnd löst sie sich aus dem schrittweisen

Vollzug des Welt-Erkennens heraus als Eigenwesen im ganzen Weltsein. Parallele Ausformungen des Eisenhans-Märchenthemas lassen die Lehrzeit beim »Meermann« geschehen: Sie stammen aus Skandinavien, wo das wäßrige Element noch stärker im Vordergrund der Wahrnehmung steht, denn Wald und Felder wachsen auf den Felsen über dem Meer. Man kann dieses Herausreifen der festen Gestalten aus dem Flüssigen heute auch in den Poldergebieten Hollands miterleben, um Lelystad und Emmeloord etwa, wo ganz langsam durch Jahre hindurch dieses Aufsaugen des eingedämmten Wassers der Zuidersee durch die Pflanzen geschieht, bis endlich erst die großen Bauernhöfe zwischen Feldern und Bäumen und Gebüschen stehen können.

Das Bild des Goldbrunnens im üppigen, tiefen Wald ist eine völlig exakte Kurzformel für die Lehrzeit und Meditation um die Stufe der allmählichen (durch »drei Tage« hin geübten) *Erkenntnis des »goldenen Balls«*, den man ins Leben hinein mitbekommt (als Lebensganzheit, weltrund), mit dem man spielt, der aber erst im Dienst beim Wilden Mann wirklich verstanden werden kann. Der Wilde Mann heißt auch »Eisenhans«, denn im wäßrigen Prozeß der Säftedifferenzierung vollzieht sich die Lösung der Metalle und Mineralien der Erde, die dann für die verschiedenen Bewußtseins- und Organfunktionen der Tiere und Menschen zusammenwirken. Das *Eisen* speziell ist als Lösung im Blut des Menschen die Grundlage für das Eingreifen des Ichs, des persönlichen Bewußtseins.

Die allmähliche Ausreifung des persönlichen Gesichts aus den flutenden Vorgängen ist in frühchristlichen Schöpfungsdarstellungen oft sehr mächtig oder rührend gezeigt: am schönsten wohl in den Wandbildern der »Schöpfung« im Dom von *Monreale* in Sizilien, in den Klosterräumen (siehe Abbildung). Das Bild des ersten Tags zeigt das Weltwort, den »logos« (vom Prolog zum Johannesevangelium), der als Jesus Christós (Jesus = der Heiler; christós = der zum Opfer mit dem Öl »Gesalbte«) in die historische Gestaltung eintrat. Der heilige, d.h. heil ordnende Geist strömt da aus der kosmischen Aura des Logos in den wellenflutenden Urflüssigkeitszustand hinein, und zwar in das Scheitelzen-

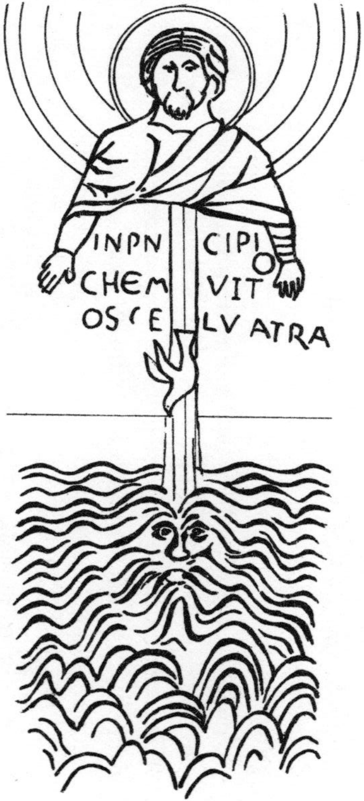

Fresko im Dom von Monreale (12. Jh.)
Links: 1. Tag der Schöpfung.
Rechts: 4. Tag der Schöpfung.

trum eines noch leiblosen Gesichts, das sich aus den Wellenhaaren herausgestaltet hat.

Das ist die bewußtseinsgeschichtlich spätere Form für das Urerlebnis der Frühzeit unserer Kultur. Damals hatte die Bilderlehre (= Mythologie) der Sumerer gesagt: aus dem gewaltig wogenden und formstrudelnden Urwasser, aus der *»tiamāt«*, habe der Leitgeist der Gestaltschöpfung, *Ea* (oder *En-ki* = »Herr der Erde«), die feste kubische Erdkristallgestalt heraus erkämpft. Der Kampf gegen die Tiamāt zur Gestaltung des Erdsystems im *»abzū«*, dem Erdwürfel, der die Menschen als Bewußtseinswesen auf seinem festen Grund tragen konnte, das war die große Bildgeschichte im alten Sumer und im nachfolgenden Babylonien. Zu jedem Neujahrsfest wurden sie rezitiert und nachvollzogen. Das Bild im Dom-Kloster von Monreale zeigt, etwa 1500 Jahre später als das letzte Neujahrsritual Babylons, diesen Werdeweg zum Bewußtseinsträger, zum Menschengesicht hin, verkürzt, aber höchst intensiv. Und der Eisenhans-Prinz des Märchen-Bildes geht diesen Werdeweg nun als Lehrweg rückwärts nach, in der Meditation des Quellbrunnens im Wald.

Aus dieser meditativen Stille und Genauigkeit des Beobachtens, Kombinierens, Lernens gewinnt der Myste (= »der Verhüllte«, der Einweihungsschüler) die Erkenntnis vom Zusammenwirken der Kräfte zum *Goldenen Ball*, zur *Sphäre* unseres Sonnensystems. Der Prinz und Jüngste der Märchen ist ja immer eine Kurzformel für die Lehrmethode der vorchristlichen Einweihungszentren, von denen aus die Kulturen in Babylon, Ägypten und Griechenland geleitet wurden.

Auch die »Prinzessin«-Seele des »Froschkönig«-Bildes der Märchen muß den goldenen Ball aus dem Waldteich und aus dem sphärisch runden Wasserwesen, das die Tropfenform des »Froschs« darstellt, zurückgewinnen durch Selbstüberwindung und gewaltige Energieballung, die an den Satz im Neuen Testament erinnert: »Das Himmelreich will mit Gewalt erobert werden.« Alte Bilder dürfen nie sentimental aufgefaßt werden, sondern als Bilder für geistige Aktivitäten. Märchen wurden ja ursprünglich nicht für Kinder erzählt, sondern für die Erwachsenen und Erwachsenden, die in die Verantwortung und in die geistige Freiheit hineinwachsen wollten. So wie das früher durch die jahrelangen Übungen – Lernzeit und Prüfungen – der Einweihungszentren geschah, so strahlten es die Kurzformen der Märchen nun als Hilfsmittel ins Breite hinein aus. Aber ihre Bildersprache wurde von den Menschen bis in das 19. Jahrhundert hinein noch ohne Mühe verstanden. Man war sie aus den Bildern der Mythologien gewöhnt, in denen Weltentstehungslehren und Naturerkenntnisse und Bewußtseins-Werdegesetze in Kurzformeln gebracht worden waren. Diese Bilder sprachen die lebendige Wandlungskraft in jedem Menschen an. So können sie Hilfe im Dickicht der Lebenskrisen werden – und waren es durch die Jahrhunderte, aus denen das Bild des Nikolaus hier als Beispiel steht.

Wie alle anderen Bilder, so war auch das vom goldnen Ball noch in den frühen christlichen Jahrhunderten selbstverständlich. Die Legende vom *hl. Nikolaus* etwa, der seit dem 6. Jahrhundert in ganz Europa eine besonders geliebte Leitfigur wurde, berichtete: Der Bischof Nikolaus habe den drei Töchtern des Kaufmanns als Brautschatz drei goldne Kugeln gegeben, und damit half er ihnen vor der Verstrickung in triebhaften Egoismus. Sie wären sonst in die entartete Spätform der sog. Tempelhetären Kleinasiens verstrickt worden, um sich ihre Aussteuer zu verdienen. Die Dreiheit und die Kugelform weisen darauf hin, daß nicht nur Goldbarren, sondern Lehrgut gemeint ist. Die Kennzeichnung des Helden der Legende, des Nikolaus, als »Heiligen« zeigt an, daß hier die Zweiheit, »Prinz und Prinzessin«, Geist und Seele, integriert ist, schon in sich vollendete Ganzheit Mensch. So steht hier in unserem Zusammenhang das Beispiel des Nikolaus: für die integrierte Zweiheit und für die Wertigkeit, die die Dreiheits-Symbolik durch die Jahrhunderte hin stets hatte.

Die Dreiheit bezieht sich auch in der Legende auf die drei Wesenskräfte des Menschen in Fühlen, Denken, Wollen, und auf die drei Kraftreiche, aus denen sich der Mensch aufbaut: das des mineralischen Leibes, durch den das Wollen sich realisiert; das des unsichtbaren Bildekräftefelds, aus dem das Vegetative und auch das Denken zehrt; und das des Kraftfeldes, in dem Fühlen, Triebhaftigkeit, Impulsierung geschieht. Ohne solche fühlende Wahrnehmung, Aneignung und Antwort ist der Aufbau des Ichs verantwortender Persönlichkeit nicht möglich.

Der *heilige Nikolaus* mit den drei goldenen Kugeln war Bischof in Kleinasien, oder genauer gesagt, er ist eine bildsprachengemäße Legendenverdichtung aus zwei Bischöfen. Man findet dafür die äußeren Tatsachen so: Nikolaus, Bischof von Myra in Lykien, gestorben zwischen 345 und 355 n. Chr., und Nikolaus, Abt von Sion, später Bischof von Pinara in Lykien, gestorben 564 n. Chr.

Eine Zusammenschau also, entstanden in den Jahrhunderten der großen Konzile der Epoche, in der die Grundbegriffe der christlichen Kultur und kirchlichen Lehre herausgearbeitet und erlebt wurden. Die Tradition berichtete, daß Nikolaus von Myra während der Christenverfolgung des Kaisers Diokletian eingekerkert, endlich aber freigelassen wurde und daß er dann am entscheidenden *Konzil von Nicäa* aktiv teilnahm. In Nicäa in Kleinasien aber wurde 345 die *Formulierung der Trinitäts-Lehre* als Kern des christlichen Glaubensbekenntnisses der folgenden zwei Jahrtausende erarbeitet. An dieser Trinitäts-Erkenntnis also, der Dreiheits-Erkenntnis, wirkte Nikolaus von Myra mit.

Daß die Hochschätzung des hl. Nikolaus dann erst vom 6. Jahrhundert an begann, läßt darauf schließen, daß der zweite Nikolaus, Abt von Sion, an der Ausprägung des weiterführenden Leitbilds entscheidend beteiligt war. Wir wissen heute nicht mehr wie. Aber da die endgültige Formulierung des Trinitätssatzes, der Dreieinigkeitslehre, erst auf dem Konzil von Chalcedon 451 geschah, umfassen die beiden Bischöfe dieses Grundthema der Zukunft.

Sehr rasch wurde der hl. Nikolaus für die griechisch-orthodoxe Ostkirche zum zentralen Leitbild, zum wichtigsten Heiligen, der unmittelbar neben der Gottesmutter stand. Und dieses Lehrbild des Nikolaus kam dann in breiter Front im 10. Jahrhundert ins westliche Abendland: durch Kaiser Ottos II. oströmische Frau Theophano nach Italien und durch die Normannen von dort nach England und Nordfrankreich und weiter. Das Fest des 5./6. Dezember wurde nun mit einer alten Tradition des »Narrenfests« (d. h. der Austreibung und Läuterung der Triebhaftigkeit vor der Wintersonnenwende) zum Fest der Selbstüberwindung und schenkenden Zuwendung verschmolzen. Nicht der Geburtstag des Jesus wurde ursprünglich mit diesem heilsamen Wirbel aus Selbstüberwindung und Geschenkverteilung beladen, sondern dies geschah am Anfang der weihnachtlichen Fastenzeit, es war die Vorbedingung für das Geburtsfest. Erst im Beginn der Neuzeit, nach 1500, fand man das verstärkte und zugleich vereinfachte Symbol des »Weihnachtsbaums«, den grünen Kerzen-Blüten-

Nikolaus mit den drei goldenen Kugeln.
Hochaltar des St. Nikolaus-Münsters in Überlingen von Jörg Zürn (1613–1618)
Photo Lauterwasser

baum der geläutert neu aufleuchtenden Lebenskräfte. Und nun verblaßte Nikolaus zum nicht mehr ganz erkannten Torhüter.

Aber durch 800 Jahre hin war er der Vorbereiter, der große Tor-Öffner gewesen, eine echte Schlüsselfigur für die europäische Bewußtseinsgeschichte. Man muß sich klarmachen, daß die Funktion der Heiligen für die Psyche der Menschen nach Christus in etwa der Funktion der Helden der Antike vorher entspricht. Es sind die großen Vorangehenden, auf der leiblich-irdischen wie auf der geistig-jenseitigen Ebene gleicherweise zu Haus, Brüder, die stärker und reifer sind als die jüngeren Geschwister. Es sind also Leitgestalten, die die Aufgaben und Probleme des Menschseins herausleuchten und urbildlich klären. Aus diesem Bedürfnis heraus kam es, daß in der westlichen Kirche Nikolaus weniger durch den Willen Roms zum Leitbild und Meister der Weihnachtsschwelle wurde als durch den Willen der Gemeinden, der fragenden Menschen. Lehre, praktisch nachbarliche Seelenführung und persönliches Vorbild des Verhaltens im jeweiligen Hier und Jetzt wurden aus dem Leben der kleinasiatischen Bischöfe herausgelesen und in jener Bildersprache aufgenommen, die das allgemeine Verständigungsmittel der Jahrtausende bis ins 15. nachchristliche Jahrhundert war.

Dieser Nikolaus hat im Übergang zwischen Antike und Mittelalter die Dreiförmigkeit aller Erscheinungsweisen ebenso deutlich betont, wie das die Märchen tun. Die Legendenerzähler formulieren es so: Nikolaus habe drei Goldkugeln an die *Jungfrauen* (= Töchter des »Kaufmanns« im Umtrieb des Alltags) gegeben, ihnen also die Lebenszusammenhänge erleuchtet. Er habe drei *Knaben* vom Tod erweckt, in den der Schachergeist eines Händlers sie warf; er habe drei *Pilger*, also ringende Seelen, die im Boot »im Meer« trieben und in Versuchung des Verrats am Geist kamen, gerettet; er habe drei verfolgte, kämpfende *Ritter* gerettet und schließlich drei feindbedrohten *Fürsten* geholfen, so daß sie ihre Bereiche wieder gut verwalten konnten als rechte Fürsten oder, im Märchenterminus, als »Könige«. Dieser Nikolaus hat also in fünf Erscheinungsebenen jeweils der Dreiheit des menschlichen Wirkens Heilung und Ordnung gebracht. Die *Fünfzahl* des Pentagramms menschlicher Gestalt oder als Gemeinschaftskraft Sozialgruppe bildende Kraft war den abendländischen Kulturen rundum vertraut. Man muß diese fünf Aktionen auf die stufenweise Meisterung der Kräftefelder bezogen sehen. Man kann dabei die Knaben als die sehr junge Kraft des werdenden Ich auffassen, die Jungfrauen auf die Ordnung des vegetativen Bildekräftefelds beziehen, die Pilger auf die Trieb- und Gefühlssphäre, die Ritter auf die Meisterung des physischen Leibwirkens und die Fürsten auf die Umwandlung und Einschmelzung der Kräfte in eine Stufe des höheren Selbsts, das *»manas«*. Von ihm sagten die Veden: »Wo das Soma reichlich quillt, da entwickelt das manas sich« (»Cvetacvatara-Upanishad«, 2, 6), wo also die Fülle der kosmisch genährten Lebenskräfte (= soma) möglich ist, kann das höhere Selbst sich entwickeln. Man kann diese Fünffältigkeit so ausleuchten und sieht jede dieser Typen und Stufen in dreifacher Auswirkung angesprochen.

Dieses Nikolaus-Bild wurde in Europa zuerst an das Neujahrs-Tor nach der Wintersonnenwende gestellt, dann aber an die Eröffnung der Weihnachtszeit als Schwellenhüter. Er ist so der Meisterer der wilden Naturdämonen (»Knecht Ruprecht« usw. genannt). Er gibt die Prüfungsaufgaben an die jungen Kräfte im Menschen – erst allmählich wurden daraus nur die Kinder des Nikolaustags, an dem sie heute noch ihre Schuhe vor die Tür stellen. Wer die Prüfung besteht, bekommt die drei goldenen Kugeln, die nun goldene »Äpfel« wurden, vom Lebensbaum und die »Nüsse«, in deren hart umschalter Nervatur sich der Gedankenträger des Menschen, das Gehirn, abbildet. Daß die metallene Struktur der *»Gold-Kugel«* des harmonischen Zusammenklingens der Naturprozesse schließlich, nach den Prüfungen, sich umwandelt in die lebendig saftige Rundform der Frucht des Lebensbaums, des *Apfels* also (dem in südlichen Ländern auch Granatapfel und Apfelsine entsprechen können): das geschieht in den Märchen des Eisenhans-Themas genauso. Kristall-Erkenntnis wird Leben. Die Goldkugel des Knaben wird zu den »drei goldenen Äpfeln« des Prinzen, zwischen Kosmoskraft und Erdleben mittelnd. So, dies nachfühlend, kann man den Weg des Eisenhans-Prinzen nachvollziehen.

DER WEG DURCHS DIENEN, UM ZU ERKENNEN

Der Eisenhans-Prinz wird also aus der Waldlehre hinausgeschickt »in die Welt« und in die »Armut« der Dürre eines triebbestimmten und flach rationalen Lebens. Er wird hinausgeschickt nach den drei Erfahrungen der Unzulänglichkeit, der Unsicherheit: Er hatte den vom Befreien des Naturwesens »aus dem Käfig« noch schmerzenden Finger ins reinste Wasser gestreckt, er hatte ein Blatt hineinfallen lassen aus dem Umkreis, und er hatte, sich auf das Sein besinnend, sich selbst spiegelnd, die Haare ins Wasser tauchen lassen. Die Goldhaare mußten nun gerechtfertigt werden. Der Eisenhans bestraft ihn nicht – aber er muß ihn zur Gewinnung der Freiheit und der wirklichen Überschau hinausschicken in die Erprobung. Als »am dritten Tag« der Prinz sich so tief in sein eigenes Spiegelbild versenkt hatte, daß seine Haare sich golden zur Aura durchtränken im Wasser, ist trotz aller Positivität dieses Vorgangs doch die Gefahr des selbstverliebten Hochmuts nahe (»Der Brunnen ist entehrt«). Das ist eine Versuchungszone, die jeder Mensch durchkämpfen muß. Nach der Lernzeit in den Tempelzentren der alten Kulturen kamen die Prüfungsaufgaben, die Aussendung in die Welt, die Schocks der Einweihung, der dreitägige körperfreie Einblick in die Hintergründe alles Geschehens. Der Hochmut, so vieles zu wissen, verleitet zur Täuschung und zu einer unehrfürchtigen Neugier. In den Märchenbildern wurde diese Gefahr oft verdichtet, angefangen von der Märchenmythe von »Eros und Psyche«, die Apuleius (im »Goldenen Esel«) um 200 n. Chr. berichtete, bis zur daraus abgeleiteten Geschichte vom »Singenden springenden Löweneggerchen« (Grimm, und in vielen Varianten).

Der Prinz muß nun dienen, er muß ohne alle Besserwisserei und Geltungslust eintauchen als dienendes Glied in der Kette des Lebensablaufs. Er dient zuerst »in der Küche«, im Zubereiten der Nahrung, indem er Holz herbeiträgt, Feuer macht, das Feuer schürt und das Essen kocht, die Umwandlung der Stoffe also mitvollziehen lernt. Er *erkennt* nicht mehr nur, er muß *mittun*. Es zeigt sich, daß jedes Tun eine Frage der Einfügung in die Gemeinschaft aller Menschen ist. Danach darf er mittun am Pflegen und Züchten der Pflanzen im Garten, also am Aufbau der Nahrung für Leib und Seele, des Nützlichen und des Schönen und Heilsamen. Er wird »Gärtner«.

Erst dann kann er auf rechte Weise das Lebensreich der Menschen zum Guten hin schützen und verwalten. Die Gegenmacht fällt über das Königreich her: Nun erinnert sich der Prinz an das Versprechen des Eisenhans, ihm zu helfen. Er geht wieder hinaus aus dem Haus und Garten, zu dem Urquellbereich des Waldes. Er ruft die Kräfte der freien Wirkquellen heran und holt sie nun bewußt in sich zusammen zur Tat. Er »ruft den Eisenhans«. Der kommt und gibt ihm alles: das Pferd und die Rüstung und die Helfer. Mit dieser mutigen Zusammenraffung aller seiner Intelligenz und seiner Erkenntnis des Funktionierens des Lebens gelingt es dem Prinzen, die Gegenmächte zurückzuschlagen.

Nun beginnt der innere Prozeß der Klärung über die Bedingungen des rechten Wirkens aus rechtem Erkennen und rechtem geläutertem Fühlen. Seele und Geist im Menschen, Fühlen und Denken, sie werden zur Einheit und können in dieser geoffenbarten Helligkeit nun auch wirklich im Wollen die Herrschaft übernehmen: Sie können als König und Königin das Gedeihen des rechten Lebens in ihrem Bereich verwalten, leiten, sichern. Diese Offenbarung – das große Fest – geschieht in den drei Stufen, in denen der Mensch seiner selbst Herr wird, durch Fühlen, Denken und Wollen. Die Prinzessin-Seele zeigt die drei goldenen Lebensäpfel, der Prinz-Geist ergreift sie. Und zwar jeweils *»auf dem Pferd«*: Das ist in den Märchen das Bild für die Meisterung der in die Natur hineingebauten Intelligenz, dieser höchst intelligenten Struktur aller Gestalten und Vorgänge, die wir vorfinden und die wir anfangs mit Selbstverständlichkeit benutzen, ehe wir das Staunen lernen und den Forschungsweg beginnen. Die schön und federnd straff gebaute *Gestalt des Pferdes*, das zu höchster disziplinierter Kraft, Schnelligkeit und Wendigkeit fähig ist und mit intelligenter Bereitschaft unter Leitung des Reiters die kompliziertesten Schritte tut: das ist ein überzeugend gewähltes Bild. Das Pferd ist auch Pflanzenfresser, also nicht aggressive Triebhaftigkeit, sondern lebendig bewegte Umsetzung des pflanzlichen Daseins, in Wachheit übergeführt, bereit, sich der höheren, der absoluten Wachheit des Menschen anzuvertrauen.

Diese intelligente Struktur, wie sie im Aufbau aller Materie und alles Lebens zu finden ist, muß vom Menschen erkannt und nachvollzogen und entfaltet werden: Im Bild heißt das, er muß die drei Pferde oder, in anderen Märchen, das eine große Helfer-Pferd gewinnen, mit ihm ins Gespräch kommen. Er muß es manchmal »aus dem Innern der Erde« herausholen, aus Schwere und Dunkelheit, also ins helle Bewußtsein herauf, oder er muß dreifach in immer entferntere Reiche eindringen. Im norwegischen Märchen »Die Jungfrau auf dem Glasberg« muß der Jüngste, der »Aschenper«, der versonnen meditativ und scheinbar dümmlich in der Asche des Herdfeuers stocherte, die unheimlichen Gewalten der Naturgeister ertragen und bestehen »in der Johanni-Nacht«, d.h. im Höhepunkt der Naturentfaltung aus der Zeit der Sommer-Sonnenwende. So gewinnt er in drei Nächten die drei Pferde und drei Metall-Rüstungen, mit denen er dann die drei Goldäpfel erobern kann. Der Prinz vom Eisenhans hat die Macht über die Pferde genauer und schrittweise am Waldbrunnen und im verhüllten Dienst im Alltag erworben. »Verhüllt« (ohne Eitelkeit und Ruhm): das ist die Übersetzung des alten Worts »Myste«.

Was der Myste, d.h. der Einweihungsschüler, der »Verhüllte« zu lernen hatte, war immer die Erkenntnis vom rechten Vollzug des Lebens. Das heißt einerseits die *Sach-Erkenntnis* vom Aufbau der Naturordnung und andererseits die Seins-Erkenntnis von der *Läuterung der Seele* als Voraussetzung zum rechten Umgang mit den Dingen. Es ist sicher, daß in den vorchristlichen Mythen-Bildern und Mysterien-Lehren die sehr umfängliche, exakte Erkenntnis der physikalischen, chemischen, mathematischen und astronomischen Vorgänge und Gesetzlichkeiten mitgeteilt wurde und keinerlei sentimentale Phantastereien. Aber dazu gehörte selbstverständlich unlösbar die polare Übungsseite, die der Überwindung des Egoismus diente und der Herausfilterung des Fühlens als feinste Wahrnehmungsfähigkeit. Bei Goethe klingt das auf in Sätzen von der »gesteigerten Wahrnehmungsfähigkeit«, die Erkenntnis nur gibt, wenn sie als innere Haltung »Liebe« hat. »Es gibt keine Erkenntnis ohne Liebe«, heißt es, wobei Liebe eben unsentimental und unegoistisch gemeint ist, als liebende Umfassung jedes anderen Seins.

In dieser Haltung geläuterter Personalität kann der Prinz die drei Pferde meistern. Er kann die in die Substanz unseres Sonnensystems imprägnierte Intelligenz erkennen und anwenden, sowohl in seinem Fühlen wie im Denken und im Wollen als Handelnder. Er kann die drei goldenen Äpfel, die die Seele = Prinzessin, anschauend besinnend ins Licht hinaufhält und endlich dem Geist = Prinz, in die Hände wirft, er kann sie nach und nach gewinnen. Die Goldkugel-Erkenntnis ist zum Lebensvorgang, also zur dreigliedrigen Apfelgestalt geworden.

Zuerst kommt er als *roter* Ritter, wie der junge Parzival, der seine Triebnatur durcharbeitet. Dann als *weißer* Ritter (wie der lichte Parzival, der die Gralsburg betreten und aus dem Bann lösen kann), der sein Denken ganz durchlichtet hat. Zuletzt als *schwarzer* Ritter, der die eisendunkle Materie meistern und umformen und verwalten kann. Das entspricht im mittelalterlichen christlichen Epos der Stufe des Lohengrins, der ordnend in das erste neuzeitliche Wirtschaftszentrum, in Flandern-Brabant, eintritt. Er kommt aus der weißen kristallinen »Schwan«-Zone der geistigen Urbilder (aus der auch Apollon im »Schwanenwagen« jährlich nach Delphi kam) und greift von daher nun in die Wirksamkeit der irdischen Geschichte ein.

Der Prinz hat die dreifache Meisterschaft erworben: er meistert die Kräfte des Fühlens, des Getriebenseins, d. h., er reitet aufrecht und sicher auf dem roten Pferd und erhält den ersten goldnen Ball; er meistert die Kräfte des Denkens, die helle Gedankenkraft, d. h., er reitet aufrecht und sicher auf dem weißen Pferd und erhält den zweiten goldnen Ball; er meistert die Kraft des Wollens, den dunklen Willen, d. h., er reitet aufrecht und sicher auf dem schwarzen Pferd und erhält den dritten goldnen Apfel. Er, der die Ahrimans-Kräfte, die Gefahren von dorther, meisterte, erhält die drei goldnen Äpfel von der geläuterten Seele, die die von Luzifer wirkenden Gefahren gemeistert hat.

Auf der Suche nach dem Herkunftsbezirk der Goldkugel (= des runden Zusammenwirkens vieler Sonnen-Kräfte zu einem Ordnungsganzen) kam der Prinz dazu, die Aufgliederung in die drei Äpfel zu erkennen und zu meistern. Er wird nun selbst »König«, Meister und Leiter seines Reichs. Am Tag des Zusammenklangs der Gedanken und Empfindungen, von Geist und Seele, zeigt sich, daß die Meisterschaft über die in der Welt wirkenden Kräfte der Natur gewonnen ist: Der »Eisenhans« selbst kommt offen und im Goldglanz »zur Hochzeit«, er vererbt dem Prinz die Fülle seiner Kräfte.

Diese Kräfte hatte der Prinz erkennen gelernt in der meditativen Wahrnehmung am Waldquellbrunnen des kristallhellen, alle Gestalten ermöglichenden Lebenswassers. Das Bild des »Wassers« meint immer diese Substanz der Schöpfung, und zwar zugleich als geistige Sach-Erkenntnis wie als Aufforderung, die wahrnehmende Seele selbst aus dem bloßen Hin- und Her-Gewoge im wäßrigen Fühlen zum hellen Spiegel auszuläutern und dadurch Erkenntnis zu ermöglichen. Alte Bilder sind gar nicht sentimental – man muß das wiederholen –, sondern sehr modern und psychologisch exakt. Ihre Bildersprache fordert zum Kampf um das objektive Erkennen der Welt auf (in den Bildern von der goldenen Kugel, der Kristallkugel, oder der »Prinzessin hinter dem dreimal zehnten Königreich im Lichterschloß der goldenen Sonne«). Sie läßt aber zugleich nie die Gefahr der Substanzzerstörung durch Hochmut oder Egoismus wuchern, sondern gibt strenge Bedingungen der Seelenzucht: sieben Jahre Schweigen, Prüfungsjahre als unscheinbare Dienende, Verkannt- und Beraubtwerden durch die Umweltnachbarn (oder der eignen Trägheiten »der beiden älteren Brüder«), das geduldige Weben der exakten geistigen Erkenntnisganzheit als »Sterngewand der verzauberten Brüder«, wie es Grimm in den »sechs Schwänen« oder »zwölf Raben« berichtete. Die Gefahr der Zerstörungssucht, die durch eine entseelte Intellektualität entfesselt wird, haben wir im 20. Jahrhundert sehr genau erkennen gelernt. Die vielfach (durch Kriege und Krimis) geschürte Mordlust, die anarchischen Zerstörungsproteste der jungen Leute, die sog. »Zerstörungskunst« aus den USA, bei der die Maler usw. sich spezialisieren auf raffiniert auslaufende Vernichtungsprozesse in Kunststoff, Metall, Farbe usw., alles sind Zeichen einer Zeit, der man auf neue bewußte Weise die Doppelschrittechnik der Entfaltung von Geist und Seele, »Prinz und Prinzessin« der frühen Bildersprachen entgegensetzen muß.

Von dieser Erkenntnis her findet man als *polare Parallelgeschichte* zum »Eisenhans«-Märchen den Weg der »Allerleirauh« (Grimm) zugeordnet: Seelenweg zu Geistweg. Darin wird gezeigt, daß die dreifachen Lichtkräfte, die der Prinz des Eisenhans zuletzt erwirbt, dem Menschen vom Wesen her aus seiner geistigen Ursprungskraft zustehen. Allerleirauh bringt die »drei Kleider in der Nußschale« mit in die Verkörperung auf der Erde. Oder man kann auch sagen, sie behält sie im Inneren ihrer Seele latent, wenn sie sich der zähen alten Trägheitskraft im Menschen entringt, dem »Vater«, der sich nicht wandeln will, sondern die vergangene Seinsstufe (= »der Mutter«) im Nachbild der »Tochter« süchtig raffen, nicht sie erkennend achten will. Verhüllt ins Gewand »aus aller Tiere Fell« wird die Prinzessin-Jüngste dienend Erkennende in der Welt. Die Hülle des »wilden Mannes« wird von innen her durchlichtet.

Das *Fellgewand*: Das ist die Bezeichnung des Zustands des Menschen am Ausgangsort seines irdischen Wegs. Aber das umgelegte Tierfell ist dann später auch die Bezeichnung für den erreichten Grad der Meisterschaft. Die Priester fast aller frühen Hochkulturen hatten das Tierfell umgehängt während des Kultus. Nackt und den Kopf kahl geschoren, als kleine Weltkugel, zeigten sie den Zustand der Überwindung tierischer Behaarung. Das über die Schultern gehängte Leoparden- oder Löwenfell, also die Hülle der Raubtiernatur, zeigte an, daß sie die Herrschaft über die Triebnatur in sich selbst gewonnen hatten. Die Opferung Batas in seiner Stiernatur entspricht dem, anders übersetzt. In Ägypten trug auch der König als eingeweihter Priesterfürst im Kultus das Tierfell. In Griechenland trugen es die Dionysospriester. Und hier geschah auch die Fortentwicklung des Bildes: der von Göttern inspirierte Held, der stärkste der sieben Helden, Herakles, trug ja als sein Rang-Zeichen das Löwenfell umgelegt, nachdem er den Löwen »in der Umarmung«, also durch die Beherrschung des Atemrhythmus, gemeistert hatte. Die Darstellung des souveränen Menschengesichts, des Herakles, aus dem Löwenrachen schauend, ist griechische Eroberung, neue Bewußtseinsstufe.

So also ist auch die Prinzessin Allerleirauh als souverän werdende Seele gemeint. Aus der Verhüllung ins Fellgewand der Triebnatur reift sie heraus zu ihrem geistigen kosmischen Anteil, zur Kraft, aus dem höheren Selbst heraus zu handeln. Auf den drei Probefesten des Prinzen trägt sie schließlich nacheinander die drei Kleider, die den Farben der drei Pferde des Eisenhans-Prinzen so entsprechen, wie aktiv zu passiv, subjektiv zu objektiv sich entspricht. Das *»mondfarbene«* Kleid entspricht der Läuterung der egoistischen Triebsphäre, der Astralität, also dem roten Pferd. Das *»sonnenfarbige«* Kleid entspricht der Läuterung der objektiven Erkenntniskraft, also dem weißen Pferd des Prinzen. Das *»sternfarbige«* diamantne Kleid entspricht dem Fixsternbereich, aus dem die Gestaltkräfte in die Erde einstrahlen. Der Eisenhans-Prinz auf dem schwarzen Pferd kann sie der Materie willenhaft einprägen, sie verantwortend anwenden. Mit den Geschenken von »Spindel« (zum Zusammenspinnen des Schicksalsfadens) und »Haspel« (zum Aufrollen des Fadens, aus dem nachher das Gestaltgewand gearbeitet werden kann) und dem »Ring« des harmonischen Zusammenwirkens der Kräfte werden die drei Stufen der Allerleirauh bestätigt.

Daß der Mensch eine geistige Kraft ist, die durch die Verkörperung fähig wird, das »Gewand aus allen Tieren« (= Allerleirauh) und allen Erscheinungsformen des Erdbereichs erkennend und leidend durchsichtig zu machen für die geistigen Kräfte des Sonnensystems darin, das wird in einer anders gegliederten Variante des »Eisenhans«-Themas nun auch für den aktiven geistigen Teil selbst, den Prinzen, ausgesagt. Darin wirkt noch eine andere uralte Bilderlehre nach. In dem Märchen aus der Gascogne, *»Der Mann in allen Farben«*, bekommt der zur geistigen Forschungsaufgabe Vorbestimmte, »der Jüngste«, von seinem Vater nur dies geheimnisvolle Gewand aus allen Stoffen und Farben als Erbschaft. Die immer junge, »die jüngste« Kraft im Menschen ist vorbestimmt zum Erkenntnis- und Prüfungsweg: Das wird durch die Verleihung dieses Gewandes ausgedrückt. In anderer Beleuchtung wird diese Tatsache auch in der dänischen Eisenhans-Parallele gesagt, *»Hans mit den goldenen Haaren«*, wenn der »Vater« von der Gewalt des »Meermanns« erfaßt wird und »sein Jüngstes« dem Dienst beim Meermann weiht. Er opfert es, wie Abraham den Isaak der Gottesforderung opferte und wie Jephtas Tochter geweiht wurde und damit für das israelitische Volk in den viertägigen Jahresfeiern zur geistig-seelischen Mahnung wurde.

Das »Gewand aus allen Farben«, das der Vater im gascognischen Märchen als Weihgewand dem Jüngsten zuteilt, ist das alte Bildwort für die besondere Aufgabe, die Jakob dem Lieblingssohn Josef zuteilte, der der Jüngste war im babylonischen Bereich. Der *»bunte Rock«* des Josef (Luther übersetzte das nach der griechischen Urübersetzung aus dem aramäischen Grundtext wörtlich) war die Schilderung des Priester-Kultgewands der sumerischen und babylonischen Tradition und damit das Symbol für die Zusammenschau aller Bestandteile der Schöpfung als Hülle und Erkenntnisaufgabe des Menschen. Wir kennen jetzt aus den Fresken im Palast von *Mari* (Vorderer Orient, 18. Jh. v. Chr.) diese Gewänder sehr genau, die sowohl für die Priester wie für die Götterstatuen typisch waren (s. *Parrot*, »Sumer«; München, Beck-Verlag 1960). In diesem geistigen Weltbild war Jakob aufgewachsen, und aus ihm heraus wirkte Josef dann weiter, als Einweihungsschüler und königlicher Verwalter, in Theben in Ägypten um 1750 v. Chr. Die Bildersprache der jüdischen Tradition formte durch Jahrhunderte hin in den sog. »Sagen der Juden« das weiter aus, was die frühen Kulturstufen noch unmittelbar als exakte Realität wußten. In den »Sagen der Juden« wird erzählt vom *»Adamsgewand«*, das beim Hinausgehen aus dem Paradies dem Adam umgetan wurde, *»aus den Fellen aller Tiere«* gemacht. Das wurde von Adam her immer dem Ältesten vererbt, also auch Esau, der aber gab sein rein physisches Erstgeburtsrecht dem Jüngeren = »Jüngsten« gegen die dumpfe Stoffwechsellust (die die Hülsenfrüchte dem Leib bereiten), nämlich gegen das »Linsengericht«, weiter. Ähnlich wurde immer wieder in den alten Kulturen die eigentliche Führungsaufgabe an »den Jüngsten«, also an die verwandlungsfähige Kraft im Menschen, gegeben.

Dies »Adamsgewand« ist das Allerleirauh-Kleid des Märchens. In den auf Kräftebeweis, Prüfung, Reinigung und Strafe oder Lohn gezielten Kulttänzen des neuen Jahres zu Dreikönig oder Fastnacht tanzt in Mitteleuropa, im alemannischen und Alpen-Gebiet, noch immer der Naturrepräsentant in zweifacher Gestalt mit: als Tierfell-Umhüllter, Geweih-Überragter, als »Wilder Mann« oder »Perchte« (paarweise oder im Zwölferkreis) und im bunten »Fleckles-Gewand«. Er will geachtet, geehrt und gefürchtet werden, sonst wird er gefährlich. Auch der »Narr«, der seit der Spätantike in allen europäischen Volksdramen neben den Oberherrn spielte und im Mittelalter in der sonderbaren Funktion des »klugen Hofnarren« neben dem Fürsten lebte, war in seiner Mischung aus Weisheit und Spott ein später Nachklang des Naturgeistes. In seinem bunten Fleckles-Gewand zeigte er den verzerrten Nachklang des babylonischen Priestergewands, des bunten Rocks der Triebmeisterung, in letzter Verformung. In dem ins Bewußtsein hinaufgehobenen objektiveren Aspekt aber ist »das Kleid aus allen Farben« aus dem Gascogne-Märchen ebendieser aus allen Elementengestalten zusammengefaßte »bunte« Priesterrock der Babylonier und des Josef. Fühlen und Denken ergänzen sich darin.

Die Bestandteile dieses Allwelt-Gewands müssen angeschaut und erkannt werden, und der gascognische »Jüngste« in allen Farben (eine aus der alten Weisheit katharischer und jüdischer Gruppen Südfrankreichs verdichtete Bildgestalt) gewinnt so auch durch viele Wegstufen die Erkenntnis der Intelligenzstruktur der Erdformen aus der Erde heraus, nämlich die farbig, je nach Kraftfeld, unterschiedenen »drei Pferde aus dem Inneren der Erde«, die Bedingung zum Gewinn der »Prinzessin«, der geisttragenden Seele, der Kosmos-Anteiligkeit.

Wenn man die Imaginationskraft nun zurückfluten läßt in Ägyptens Bildwelt, erfaßt man sich neu und viel reicher. Jener *Bata* (+ Anubis + Prinzessin) wandelte sich selbst hinein in die Seins-Prozesse. Im Bata-Zustand ist man selber ganz im Prozeß und jeweiligen Zustand. Das entspricht der Anweisung Rudolf Steiners zur Meditations-Übung an den Pflanzen: man müsse sich hineinverengen in diese Werdegesten. Der *Prinz vom Eisenhans* oder des allfarbigen Gewandes aber ist im Zustand des Sich-selbst-Zuschauens, man schaut sich zu während des Durchgangs, ist Opfer und Opfernder zugleich. Doch immer ist das Erleben derselben drei Seinssphären und derselbe Ich-Anruf gemeint.

Man muß die Geschmeidigkeit der imaginativen, d. h. der Bildvorstellungskraft sich übend neu gewinnen, indem man die Fülle der Ober- und Untertöne und die Genauigkeit des Eigentons der Bildvorgänge in den Märchen und Mythologien wahrzunehmen lernt. Dann kann man die Bildersprache wirklich wieder für das Verständnis der eigenen Lebensfragen und der Weltzusammenhänge nutzen.

So gibt es auch für das Eisenhans-Thema einige *Parallelen*, die doch jeweils nur eine andere Seite des Gesamtvorgangs betonen und ausleuchten.

Im russischen Märchen *»Ich-weiß-es-nicht«* sind die Prüfungszeiten des Helden zusammengefaßt in die »33 Jugendjahre« einer »Lähmung« des Leibes, bis der geheimnisvolle Helfer kommt und heilt. Nun kann der Gewinn aus den meditativen Jahren, die den »33 Jahren« des Jesus-Christus-Lebens nachgezeichnet sind, aktiviert werden. Das »Pferd aus der Erde« wird nun gewonnen, und die subjektive Verstrickung wird im dreifachen Kampf mit der unordentlichen Mischgestalt des Kentauren überwunden unter dem ahnend wachenden Blick der Prinzessin (= Seele und höheres Selbst), die endlich die »Goldhaare« des Helden zur Offenbarung bringt. Jetzt kann die verantwortende Herrschaftsübernahme geleistet werden, im fernen Reich, das »China« genannt wird, also den Fernen Osten als Bild der Sonnenaufgangszone wählt, die der Held sich eröffnete.

Im tschechischen Märchen vom *»Janiček mit dem Kränzchen«*, in der »Tochter der Blumenkönigin« (aus der »Wunderblume« und »Märchen und Sagen«) und im Kampf des ersten Bruders der schottisch-keltischen »Drachenmythe« werden die drei Pferde mit Metallfarben oder Kristallhufen bezeichnet. Jedesmal ist die Erkenntnis der »drei Pferde« gefordert, die dem Eisenhans-Prinzen dienen.

Der Held im Reich der »Drachenmutter«, die die Tochter-Seele aus dem Reich der *»Blumenkönigin«* entführt hat, gewinnt in den Prüfungen jeweils einen der drei metallnen »Mäntel« als hüllende Kraftsphären. Er hat dazu das »Pferd« aus dem Luftreich der Wolken herauserkannt und trägt nun den Kupfermantel; dann hat er es aus dem Erdigen gewonnen und trägt den Silbermantel; endlich aus dem Wäßrigen und darf den Goldmantel tragen. So gewinnt er die Kräfte der Blumenkönigin, d. h. ihre »Tochter« als seine höhere, das Leben impulsierende Seele. Rudolf Steiner sprach von diesem Märchen als aus Rosenkreuzer-Kreisen heraus erzählt (s. »Exkurse in das Gebiet des Markusevangeliums«, Vortrag vom 10. Juni 1911). Die drei Metalle stehen als exakte Bilder für die dreifache Kräftegliederung und als Überhöhung der vegetativen Naturprozesse, die ja durchschaut werden müssen. In den Experimenten der Alchemisten wurden sie als zugleich chemische und seelische Vorgänge durchgeübt. Innerhalb der Geschichte vom Eisenhans-Prinzen sind sie mitgemeint in den drei Pferden und Farben und im Pauschalbild vom »dreitägigen Dienst am Waldbrunnen« des Goldwassers, also des flüssigen Goldprozesses unseres Sonnensystems.

Die »Läuterungsbedingung« der Seele wird in der *»Drachenmythe«* wieder anders ausgedrückt, sie wird dort im polaren Ringen von Prinz und Prinzessin (Geist und Seele) mit dem Sog der »Meerfrau« ganz besonders auf die Standfestigkeit der Seele und das geistige Durchschauen der Lebensprozesse hin geprüft. In der Geschichte von der *»Tochter der Blumenkönigin«* stecken diese Läuterungsbedingungen vorweg zusammengedrängt in der Mitleidsprüfung des Helden. Er hilft »auf dem Weg« der verkleideten Göttin-Alten. So hilft in dem entsprechenden älteren Mythos der griechische Held Iason (d. h. »der Heiler«), der als »alte Frau«, als alte weise Meisterin der Prüfungen verhüllten Göttin Hera, ehe er die Kraft zu seinem Drachenkampf um das Goldvlies und das Lebenswasser gewinnt. *Hera* ist die Partnerin des Leitgeistes der atmosphärischen Erdprozesse jener Epoche, des Erzengelwesens Zeus. *Iason* zog zum »Argonautenzug« aus mit jenem von der gesamtgriechischen Helden-Gruppe gebauten, wasserdurchfurchenden, gedankenschnellen »Schiff«, der Argo, d. h. die Schnelle.

Er zog in das Reich der »Enkelin des Sonnengottes«, der Sonnentochter *Medeia*, um von dort das »Goldene Vlies« heimzubringen, das leuchtende Widderfell, das als lebendige Gestaltenformkraft Herrschaftssymbol, griechisches Symbol der Herrschaftsfähigkeit war. Damit zugleich holte er Medeia, die Meisterin des »Lebenswassers«, der Kenntnis aller Pflanzensäfte, herein in sein Reich. So sagte es die Urbildsprache des Mythos, denn die späteren griechischen tragischen Dramen um die irdischen Spannungen zwischen Medeia und Iason sind nur psychologische Entfaltungen im Erfahren und Befragen der Grundforderung (s. O. Stumpfe, »Die Heroen«).

Im Märchen-Bild ist dann Medeias gute Kraft gemeint als Kraft der »Tochter der Blumenkönigin« oder auch als Kraft der »Jungfrau auf dem Glasberg« der norwegischen Märchen, die hereingeholt werden muß ins Wirkreich des Menschen durch die Eroberung der drei Pferde mit Zaumzeug und Ritterrüstung aus den drei Metallen Kupfer, Silber, Gold. In der Eisenhans-Geschichte ist das anders nuanciert, die Prinzessin gibt die drei Goldäpfel dem Prinzen in den jeweils drei verschiedenfarbigen Rüstungen. Man kann fühlen, daß jeweils etwas andere Betonungen in der Aktivität des Menschen ausgeleuchtet werden.

Rudolf Steiner kommentierte die Geschichte der *»Tochter der Blumenkönigin«*, die ums 12. Jahrhundert n. Chr. aus Rosenkreuzer- resp. Alchemisten-Kreisen formuliert worden sei:

»Damals haben die Rhapsoden nicht erzählt: Es gibt einen Menschen, der strebt zum höheren Selbst hinauf und muß dazu überwinden, was ihn herunterdrücken will als sein niederes Selbst.« Sondern: »... der Königssohn ... zog aus und fand einen Graben, aus dem es heraufwimmerte, und tat das, was eine gute Tat war.«

Im antiken Mythos hieß das, die Göttin Hera berührte den Menschen, Jason, indem sie sich als hilfsbedürftige alte Frau ihm unterwegs zeigte: und er half. Im Märchen gibt die weise Alte dem helfenden Prinzen ein Glöckchen, damit er jeweils die guten Helfer aus dem Umkreis herbeirufen kann.

»Heute sagen wir: der Mensch muß in sich jene Stimmung des

Geistes bekommen, durch die er eine Ahnung erhält von der geistigen Welt, einen Zusammenhang mit ihr und durch die er fähig wird, seine Kräfte so zu entwickeln, daß er mit der ganzen Welt in eine Beziehung kommen kann.«

Im Märchen ist das der Erwerb der Glocke der alten Frau. So gesichert, nimmt der Prinz den Dienst bei der Drachenmutter auf, von der die Tochter der Blumenkönigin bewacht wird.

Vorher mußte er die sieben Drachen abwehren, »die auf dem Mond zurückgebliebenen luziferischen Geister von siebenerlei Art, die sich an den Astralleib des Menschen heranmachen«. Sie drohen, ihn zu fressen, wenn er seine Aufgabe nicht richtig erfüllt. »Wir wissen, wenn unsere Entwicklung nicht in der richtigen Weise geschieht, so wird durch die Kräfte der luziferischen Wesenheiten ... unsere Entwicklung eben verdorben.«

Nun aber bewältigt der Prinz mit Hilfe des rechten »Glöckchens« die drei Aufgaben: Er muß das Pferd der Drachenmutter hüten, und am ersten Tag holt er es mit Hilfe des von der Glocke gerufenen Adlers aus dem Wolkenreich zurück, dann aus dem Erdinnern mit Hilfe des Fuchses und dann aus dem Wasser mit Hilfe des Fisches.

»Heute wird gesagt: der Mensch hat in sich aufgenommen die übrigen Naturreiche; was da ausgebreitet vorhanden ist, das hat der Mensch in sich harmonisch vereinigt. Er muß aber verstehen, wie das *in* ihm lebt, das draußen ausgebreitet ist, und kann seine niedere Natur nur dadurch überwinden, daß er das, was in den Naturreichen wirkt, in das rechte Verhältnis zu sich bringt, so daß es ihm zu Hilfe kommen kann, ... um das, was Beherrscher der drei Naturreiche werden soll, in das rechte Verhältnis zu bringen. Die Seele des Menschen ist wild, und nur dadurch, daß Liebe und Weisheit sie ergreifen und sie glätten, kommt der Mensch in das rechte Verhältnis. ... Damals wurde erzählt: wenn er das Glöckchen einmal läutete, kam der Adlerkönig usw., ... die brachten das Pferd zurück. D. h., die Stürme der Menschenseele, die wild dahinstürmt, müssen erkannt werden, und wenn wir sie erkennen, kann auch die Seele von dem Niederen befreit und in Ordnung gebracht werden.«

Im Durchwirken der dreifachen Hüllennatur des Menschen, der drei zusammenwirkenden Kräftebereiche also, die in ägyptischer Imagination Bata und Anubis durchlitten, wird es möglich, daß er in drei Schritten die drei Metallmäntel von der Drachenmutter bekommt auf den nächtlichen Festen, in denen er mit der Tochter der Blumenkönigin jeweils schon tanzen darf.

»Wir sagen heute: Wir studieren die Natur des physischen Leibes. Damals brauchte man das Bild: Die Drachenmutter gab ihm einen Mantel aus Kupfer.« So ergibt dann, nach dem physischen Erleben, die Erkenntnis des Ätherischen, des Bildekräfteleibes, den »silbernen Mantel«, und die Erkenntnis der auf- und abwogenden Leidenschaften des astralischen Leibes ergibt die Kraft, den »goldenen Mantel« zu bekommen und zu tragen. Also: Der Adler, der das Pferd aus dem Luft- und Gedankenraum fest auf die Erde stellt, zeigt die solide Basierung des physischen Leibes im Kupferprozeß ummantelt an; der Fuchs holt aus dem Verhärten in der Erdschwere heraus zum lebendigen Bildkräftevorgang und dem flüssigen Silbermantelvorgang; der Fisch holt das Pferd (oder so gesagt, die Ganzheit der intelligenten Strukturen) aus dem stürmisch wogenden Wasser der Astralitäts-Impulse heraus in die Besinnungskraft harmonischer Goldmäntel-Prozesse.

Dann ist das Finden und der Gewinn der Tochter der Blumenkönigin das Bild für das Erringen des höheren Selbstes. Die Verbindung der beiden geschieht in einem rhythmischen Prozeß von Trennung und Vereinigung, im kosmischen Jahresrhythmus angedeutet, so wie eben der irdische und der kosmische Rhythmus im Menschen bewußt zusammenklingen müssen.

Es muß hier doch noch einmal ein Pausen-Satz eingeschaltet werden: Wenn man die Übersetzung der Bilder intellektuell und seelisch aufgenommen hat, läßt man sie ruhen und liest die Märchen oder hört sie an, ohne an die Übersetzung zu denken. Man hat dieselbe große Freude an der Geschichte wie je, und zugleich fühlt man eine ganz andere Erlebnisdimension anklingen.

Wenn man sich übt, mit dem Bildprozeß umzugehen, erkennt man *die Bildwahl* je nach den inneren Zielen, die betont werden. Man kann dann etwa sagen: Die Bilderfolge und Bildwahl im »Eisenhans« zeigt speziell und straff die Prüfungen auf, die zum rechten Fürstentum führen, zur raschen hellen Kraft der Verwaltung seines Bereichs. Die Bildfolge betont hier die drei Kugeln resp. die eine Goldkugel des Erd-Lichtprozesses und die humane Auffaltung in die Dreigliedrigkeit in den drei Goldäpfeln. Die Bildwahl der Geschichte von der »Tochter der Blumenkönigin« zeigt den Weg des Forschers, des Erkennenden, der sich selbst mit dem Erkennensvorgang zugleich läutert, aber doch auf das Forschen und Wissen an sich zielt. So sind die Bilder der »drei Metallmäntel« auch Bestandteil der Bildersprache der Alchemisten geblieben. Die Bildwahl aber z. B. der Geschichte vom tschechischen »Janiček mit dem Kränzchen« zielt auf die Erfahrung der Seele, der fühlenden nachbarlichen Menschenseelenwelt. Der Prinz als Schäfer der Erde dienend verbunden, ins Erdinnere des Bergs einsteigend und aus ihm die Helfer gewinnend, die ihm die drei farbigen Rüstungen geben, vor allem aber die intensiven Kräfte der Pflanzenwelt erfahrend und in ihrem Duft heilend und tröstend sie verströmend: das ist ein Seelenbild. Es sind also in den drei Beispielen, die doch alle die Kraft der drei Pferde im Menschen meistern wollen, in Variation je eine der drei Grundkräfte betont: Wollen, Denken, Fühlen. Wenn man das auf die menschliche Gemeinschaft bezieht, auf die soziale Dreigliederung also, dann ergibt es den Eisenhans-Prinzen als Meisterer der *Wirtschaftssphäre*, den Prinzen-Typ der Blumenkönigin als Meisterer des *Geisteslebens*, den Prinzen-Typ des duftenden Blumenkranzes als Meisterer des *Rechtslebens*. Das klingt hart, aber man muß die Fragen auch einmal so stellen, um zu erkennen, wohin die verschiedenen Bilder zielen. Man muß den Bogen schon so weit spannen, um die Bildersprache in ihrer grundlegenden Kraft wirklich wahrzunehmen und mir ihr lebendig umzugehen.

Wenn man sich übt, die Bildersprache sich austönen zu lassen, und die Klangwellen nicht zu früh abstoppt und fixiert, kann man zweierlei gewinnen: die Ruhe, die aus der Wahrnehmung der Kontinuität der menschlichen Bewußtseinsgeschichte wächst, und die

Geschmeidigkeit im Anschauen aller Vorgänge und Gestalten, die zur Kraft imaginativer Wahrnehmung werden kann.

Die Kontinuität der Bewußtseinsgeschichte erlebt man, wenn man erkennt, wie eine Gruppe jener alten Bilder für Welterkenntnis der *»Mythen«* verdichtet worden ist zu Bildern, speziell der Persönlichkeitserziehung im Alltag, also zu *Märchen*. Das ist schon von sehr früh an zu beobachten im sumerisch-babylonischen und im ägyptischen Raum, und es wird von der spätantiken Zeit an zur breiten Ausstreuung. Darin also findet man die göttlich inspirierten Vorbildtypen der »Helden« wieder in der Grundstruktur der Märchenhelden. Davon wurde hier schon berichtet: Aber man muß es sich klar vergegenwärtigen, es gibt eben *das Ruhen in der Kontinuität unserer Bewußtseinsgeschichte* und aus dieser Ruhe heraus die Kraft zum Handeln. Diese geistige Kontinuität wurde ja in Europa (in dem alle grundlegenden Gedanken und Experimentkonstellationen gedacht und ausgegeben worden sind) von 1840 bis 1872 an immer mehr verdunkelt durch das bloße Rennen nach dem Geldgewinn, für das Jeremias Gotthelf schon um 1850 die Entscheidungsspannung benannte in der Erzählung »Geld und Geist«. Wir müssen uns bewußt die Erkenntnis der *konsequenten*, trotz aller Krisendramatik oder eben mit ihr in sich konsequenten Geschichte des Menschen als Persönlichkeit in der Entscheidung erwerben. So also findet man die Typen der antiken Helden in den schmaleren intensiven Lehrbildern der Märchen wieder: *Iason* und das Lebenswasser; *Herakles* und der weite Weg durch die zwölf Tierkreis-Taten, um die Prinzessin vom Schloß der goldnen Sonne zu gewinnen, »die Zeus-Tochter Hebe« (d. h. die »immer junge« Geistkraft); *Odysseus* und der Riese Polyphem und die Lehrzeit in der Natur bei der Nymphe Kalypso und der Gang durch die Unterwelt mit dem endlichen Gewinn der Sonnentochter Kirke; *Perseus* und die versteinernde, verknöchernde Gorgo Medusa, die er durch waches Bewußtsein »im Spiegel der Athene schauend« meistert, so wie der Jüngste der »Kristallkugel«-Geschichte »im Spiegel« schaut und wie der »Unsterbliche Knochenmann«, der »Kostschej«, der russischen Märchen gemeistert wird durch Frage, Mut und Klugheit. Die Kampfbilder, Lebenskraut- und Unterweltsfragen von *Gilgamesch* und seinem »Bärenhäuter«-Freund *Enkidu* (oder Eabani) waren eine breitere, nicht so differenzierte Vorstufe zur griechischen Helden-Bildwelt. *Ägyptens* früheste Symbolgeschichten gaben besondere psychologische Aspekte: Du mußt hoch hinaufspringen in die Zone des Geistbewußtseins, heißt es da, um »im Turmfenster« des Leibes die »Prinzessin« zu erreichen, die »Sophia« des höchsten geistigen Bewußtseins (s. »Altägyptische Märchen«, Nr. 4), und das klingt durch die Jahrtausende der Märchen-Übungsbilder in vielen Varianten nach. Und es hieß in Ägypten: Du mußt wach erleidend hindurchgehen durch alle Kraftbereiche, an denen der Mensch Anteil hat mit Pflanzen und Tieren, in Bildekräftebereich (= Ätherleib) und fühlendem Astralreich.

Diese Drei-Sphären-Lehre des altägyptischen »Zwei-Brüder-Märchens« aus der Handschrift des 12. Jh. v. Chr. führt auf scheinbaren Umwegen weiter zur Drei-Goldäpfel-Erfahrung des Eisenhans-Prinzen. Solche *Umwege sind in Wirklichkeit Übungen*, nötig *als Voraussetzung für die Erweiterung und Verstärkung des Bewußtseins*: Meditationsbilder umzubauen oder auch selbst aufzubauen. Wenn man nun die Bilder der Märchen und Mythen sich aufschlüsselt und im flüssigen Erlebensvorgang die Variationen der Bilder als Aspekte bestimmter Vorgänge und Notwendigkeiten herausholt, sie findet, durchfühlt und durchdenkt, dann hat man in solchem Nachvollzug eine wesentliche Übung des imaginativen Vorstellens gewonnen. Damit aber kommt man an lebendige Vorgänge richtiger heran als mit der bloßen (obgleich auch nötigen) Abstraktion.

In den echten Märchen (von denen man Kunstmärchen des späteren 19. Jahrhunderts ebenso wie sog. Märchen der Südsee, Afrikas oder Altamerikas klar unterscheiden muß) sind nur allgemein gültige Grundtypen des täglichen Lebensvollzugs des Menschen genannt. Sie sind als Verhaltens-, nicht als soziologische Berufstypen gemeint. Da sind: der Kaufmann, der die Verbindungen und Austausche herstellt, »der Bauer«, der die Erdkräfte aufmerksam pflegt und bearbeitet, »der Fischer«, der im wäßrigen Verwandlungselement lebt, »der Müller (und seine Helfer)«, der die Früchte der Erde umwandelt in Nahrung durch den Schmelzprozeß des Mahlens, »der Soldat«, als der wandernde Kämpfer, »der Schneider«, der mit der spitzigen Nadel der Intelligenz die Teile sondert und zusammenfügt, »der Schuster«, der das sichere einfache Schreiten über die Erde ermöglicht. Ausgangspersonen der Handlung sind »die Eltern« (hilfreich oder hemmend retardierend) der jeweils »Jüngsten«, die stockenden »älteren Brüder«, vor allem aber ist es »der König«: Ausgang und Ziel.

Es gibt eine Episode im Neuen Testament (Joh. 18, 35/38), die den bildsprachlichen *Sinn des Königsbegriffs* andeutet. Der römische Statthalter Pilatus ist beim Verhör des Christós Jesus, der ihm von der jüdischen Führungsgruppe seiner Provinz übergeben wurde, weil man, so sagte man ihm, fürchtete, er würde als König Israels gefeiert werden. Pilatus ist in Verlegenheit. Er fragt: »Was hast du getan?« Jesus erwidert: »Mein Reich ist nicht von dieser Welt. Wäre mein Reich von dieser Welt, so hätten meine Diener gekämpft, daß ich den Juden nicht ausgeliefert würde. So aber ist mein Reich nicht von hier.« Da sprach Pilatus zu ihm: »Du bist also doch ein König?« Jesus antwortete: »Ja, ich bin ein König. Ich bin dazu geboren und bin dazu in die Welt gekommen, um der Wahrheit Zeugnis zu geben. Jeder, der aus der Wahrheit ist, hört auf meine Stimme.« Pilatus entgegnete: »Was ist Wahrheit?« Nach diesen Worten ging er wieder zu den Juden hinaus und sprach zu ihnen: »Ich finde keine Schuld an ihm.«

Das bezeichnet den Sinn des Begriffs »König« in den Bildersprachen. Es ist der Wille, die Wahrheitsfrage im jeweils persönlichen Umkreis = Reich zu aktivieren, die Wahrheit zur Auswirkung zu bringen. Jeder einzelne Mensch ist ja als Persönlichkeit dazu angelegt, und es wurde seit Alt-Ägyptens Jahrtausenden so formuliert, als unsterbliche Geistwesenheit zu handeln, also endlich zum »Osiris NN« zu werden (wie es die Totentexte sagen).

Das aber ist die immer »jüngste« Kraft, Horus als »Sohn« des Osiris. Und handelnd sind also jeweils »die »Jüngsten«, der »Sohn der Witwe« als bindungsfreier fragender Mensch schlechthin oder eben der »Königssohn« oder die »Prinzessin«. Es war seit Urzeiten immer klar, daß mit diesem »Prinzen« oder »Sohn der Witwe« immer jeder einzelne Zuhörer in seinem Wirkungsbereich gemeint war. Der »Sohn der Witwe« war ein sozial übergreifender Terminus technicus, ein Fachausdruck also für die Ausgangssituation jedes Menschen, der als »Einweihungsschüler« aus der Natur kommt, aus der Blendung durch die Außenwelt, und die wirkende Welt der Geistwesen erst wieder sucht. Er will die Kräfte des Geistes erst wieder erkennen und erwerben. Das ist bei den alten Ägyptern ausgesagt auf zwei Weisen: einmal dadurch, daß das Mythosbild sagte, die Weltseelenkraft, die *Isis*, empfing aus dem ins Überirdische hinein geopferten *Osiris* den Sohn, den *Horus*. Sie empfing diesen Sohn-Impuls, die Kraft des Jüngsten im Menschen also, indem sie sich in ihrer Kraft als »Geier«, also als geistige, greifende Erkenntnis- und Gedanken-Aufschwungskraft, dem Osiris verband, über ihm schwebte. Osiris, als die in der Erde wirkende aktive Lichtkraft, ist im Seelenbereich auch Herr der Auferstehung der Toten als geistige Personen, und im Entfalten der ägyptischen Persönlichkeiten wird allmählich jeder Ägypter, nachdem er das Totengericht durchschritten hat, selbst zu einer Erscheinungsform des Osiris, zum »Osiris NN«.

Der Ägyptologe Brugsch (1827–1894) stellte die Beziehung des Wortes Osiris zur Urform us-ar, us-iri oder us-ra heraus, gleich »Kraft der Sonne«. Im seelischen Echo des Menschen wurde das im jährlichen Ritual der Osiris-Feste dargestellt durch das »Aufrichten« der Osiris-Statue im oder als Lebensbaum (der Djed-Säule) aus der wirkenden Sonnenkraft.

Dieser Nachvollzug des Lichtimpulses durch den ich-sagend aufgerichteten Menschen wurde vom König-Pharao als dem Repräsentanten der höchstmöglichen menschlichen Entwicklung ja schon hier im Erdenleben andeutend verwirklicht: darum umfaßte sein Titel den Namen Horus, also die Bezeichnung des »Sohns der Witwe«, des Sohns aus der Kraft von Osiris und Isis. Das Wort *»Horus«* heißt etwa »der oben ist, der in die Ferne reicht«. Es ist, im Bild des *Falken* gezeigt, die strahlgerade, scharfflügelige, zielklare Aufschwungkraft des menschlichen Geistes, nun als Verwalter der Erde. Horus ist das Urbild des »Jüngsten« der Mythen und Märchen. Er kann die Kraft des Falken auf die Erde anwenden als Meister.

Im russischen Märchen vom *»Falken Finist«* läßt sich das noch wahrnehmen. Die Seele, die jüngste Tochter, ahnt ihn, kennt ihn, muß ihn aber leidend erkennen und hereinholen. Aus dem allmenschlichen Herkunftsbereich (»vom Vater«) ist es ihr freigestellt, den hellen, vielfarbigen, goldleuchtenden Falken zu suchen, den sie im unterbewußten Gespräch der Seele »nachts« als ihre eigene geistige Persönlichkeit, als strahlenden Prinz, weiß. »Was soll ich dir aus dem Weltgetriebe mitbringen?« fragt der Vater die drei Töchter. Tand wollen die trägen Älteren, die »Purpurblume« will die Jüngste, als Schlüssel zum geahnten Falkenreich. Im dritten Ansatz erhält der Vater vom »weisen Alten« im Menschen die Purpurblume, mit der Bedingung: die Jüngste zu geben an den Falken Finist. Die Purpurblume im Fenster holt immer die Falkenkraft herbei. Aber die mißgünstig trägen alten Kräfte in der Seele (= Schwester) stellen ihm heimlich scharfe Messer entgegen. Er muß fort. In den Traum hinein sagt er der Jüngsten: »Suche mich, hinter den 3 × 9 Reichen im 30. Reich. Es ist das Reich des Horus.« Sie wandert weit und lange, drei Paar Eisenschuhe und Eisenstäbe und steinharte Weihbrote braucht sie auf, geht bei den drei Baba Jagás des Natur-Inneren, der 3 Graien der Griechen, durch die Lehre. Dann, endlich, am Ufer des Weltmeers im Goldschloß, weckt sie den dort dämmernd sie erwartenden Falken aus dem fast schon tödlichen Bann zu sich auf. Strahlend wurde die Hochzeit im Horus-Reich gefeiert, Seele und Geist in Einheit als schöpferisches Ich wirkend, das ist: Erdseele und Geistfalke im Pharao-Sein. Wer die Falkenkraft als Lichtträger verwirklichen kann, ist der Sohn Horus', des verborgenen Osiris.

In den russischen Märchen, in denen durch Südrußland und Griechenland manches Urbildliche der vorhergehenden Kulturepochen nachklingt, zieht ja oft der Jüngste oder Königssohn fort »durch 3 × 9 Reiche ins 3 × 10. Reich«: also im Sprung von 27 zu 30 hinein in den unmateriellen Bereich seiner geistigen und seelischen Erfahrung und Entscheidung. Im ägyptischen Urbild ist im *Orakelspiel »Sent«* (= das Umherwandeln) das 30er Feld das Reich des Horus. Es muß im Sprung über die Abgrundgefahr vom 27. Feld aus erreicht werden. Das entspricht der astronomisch-geistigen Bezogenheit des Alltagslebens der frühen Kulturen, es kann hier nur angedeutet werden. Die Zahlen wurden als dynamis, als Kraft erfaßt, die man zweifach entfaltete, als Potenz oder als »numerischen Wert« (= der Summe der Zählung von eins an aufwärts). Im Zähl-Ansatz des Spiels stand das 30er Feld für den Wert 360, also der Rundzahl des Kreises und der Präzessionsrunde des Sonnengangs durch den Tierkreis. Die 27 stand seit je für den Saturn, da es die dynamis von 378 ist, also der Zahl der Tage des synodischen Umlaufs dieses äußersten Planeten. Diese Zahl ist in Sumer-Babylon in viele Strukturen hineingebaut (s. Schubart-Stumpfe: »Durch das Schachbrett«). Von Planetengefilden zur Fixsternsphäre muß der Mensch springen können: Dann ist er im Reich des Geistes, des aktivierenden Horus. Das ist der Überlieferungshintergrund für die Formel in den russischen Märchen.

Die Reiche nun, die der Jüngste-Prinz der Märchen unterwegs – auf langen Wegen und Anforderungen – mit seinen Prüfungen gewinnt, kann er dann, so heißt es oft, »zusammenrollen« und mit sich tragen als »das kupferne, das silberne, das goldene Reich« (s. in »Iwan Johannes«). Es sind die alchemistischen Gliederungen, in physischen, ätherischen, astralischen Leib, wie es am Beispiel der Geschichte der »Blumenkönigin« berichtet wurde. Diese »Reiche« sind ja so innerlich gemeint als zugleich seelische, geistige, physische Welterkenntnis, wie »das Schloß der Prinzessin der goldnen Sonne« oder der Herrin der »fliegenden Inseln« (in »1001 Nacht«). Dorthin trägt die vom Jüngsten allmählich gewonnene Kraft des »Nordwinds« oder des großen Opfervogels (= Opfermuts), des »Feuervogels«, des Phönix, des goldfedrigen Adlers im Menschen.

Die Inder der Vedenzeit prägten das Bild des *»Adlers Garuda«* als Meisterer der Schlangen der Erde und als Reittier des Leitgeistes Indra. Sie sagten (um 2000 v. Chr.), Garuda *sei* das gestaltende Wort der Schöpfergötter im Zustand der Erkenntnis und Verwirklichung durch den Menschen, der es in voller Intensität seines geistigen und seelischen Dabeiseins sich vergegenwärtigt und im Text der kultischen Hymnen laut ausspricht. Das also *ist* Kraft und Sein. Es ist Adlerkraft. Adler = Aufschwung des menschlichen Geistes zur Vergegenwärtigung der Weltgeistigkeit und ihrer Gesetzlichkeit = der Meisterung der erdgebundenen und erdwissenden Schlangenkräfte. – Das ist Adler Garuda, Feuervogel, goldgefiederter Vogel. (Viel später kann Goethe im »Märchen« von der freiwilligen Opferung der erdbezogenen Intellektualität der grünen Schlange berichten.)

Mit dieser Adler-Garuda-Kraft fügt der Mensch sich antwortend in den Willen der guten Götter, in den Kosmos ein. Denn Garuda ist tragender *»Reitvogel des Indra«*, und Indra erlebte man als den leitenden Geist der Inder nach den Rishis. Rudolf Steiner sprach von Indra (im »Orient im Lichte des Okzidents«, 4. Vortrag vom 26.8.1909), kannte ihn als leitenden Geist der Luft-Wesen, Gestalter des Atmungsvorgangs des Menschen, die Dynamik von Blitz und Donner meisternd, die Kräfte zum Kampf gegen Feinde im Durchströmen der Muskeln bewirkend. Dies alles unterstehe ihm einst wie heute, aber er habe nach der indischen Zeit die Begegnung mit dem Christuslicht erfahren und aus ihr weiteres bewirkt. Die Inder hatten ihn einst erlebt als in steter Vorbereitung auf gute Taten. Sie berichteten, Indra habe 32000 Jahre Götterkämpfe geführt gegen die Gegenmächte und er habe den Erdprozeß für den Menschen vorbereiten helfen, indem er die

»erdumschlingende«, erstickende, fesselnde Schlange, die *Vrtra* = Umschlingerin, besiegte. Diesen starken Kräften verbindet sich der Mensch mit seiner gestärkten und geläuterten Adler-Kraft, der Garuda-Kraft, die dem Indra tragend antwortet. Man muß das als Imagination durchfühlen.

In der ägyptischen und dann in der arabischen Tradition ist das Element der Läuterung durch Selbstverwandlung betont erarbeitet und zum Bild des *»Vogels Phoinix«*, des *»Feuervogels«* vieler Märchen weiter entfaltet, der durch das Feuer hin sich in rhythmischem »Stirb und Werde« erneuert. Adler oder Phoinix also tragen zuletzt den »Jüngsten« zur Prinzessin vom Schloß der goldnen Sonne – zur Erkenntnis der Strukturen der Weltgeistigkeit und des eigenen höheren Selbst. Das ist »der Sprung ins 30. Reich«, dem des Horus.

Wenn man die alten Bildersprachen exakt als das nimmt, als was sie geschaffen wurden, nämlich als Übungsbilder für den Weg des Menschen durch Lehre und Prüfung hin zum überschauenden und verantwortenden wahren Menschsein, und wenn man sie so übt und sich auswirken läßt, dann gibt es dabei keine »Flucht aus der Wirklichkeit«. Es gibt im Gegenteil ein sehr ernsthaftes Durchdringen der Wirklichkeit mit Frage und Antwort und dem Gefühl für Wert und Unwert und für Aufgabe und Leistung. Nur wenn man sich die Zeit und Ruhe läßt, um diese Wahrnehmung so zu machen, daß es nicht im Einzelmilieu oder in pauschalen Phrasen hängenbleibt, sondern man von oben her genau zuschauend und von innen her intensiv miterlebend das Ganze und das Typische der Gestalten und Gruppen erfaßt: nur dann wird der Mensch auch Gestalter zukünftiger Wirklichkeiten sein können.

Das fordert im Üben der überlieferten Imaginationen genaues Hinhorchen auf den *Vorgang der Bildwahl.* Man muß das Typische einer Gestalt herausbeobachten: den König, den Jüngsten, den Kaufmann, den Erdbebauer, den das Brotkorn zubereitenden Müller. Den Verhaltenstyp der *Tiere* muß man unterscheiden – Pferd, Kuh und Stier, Frosch, Adler, Fuchs, Wolf, Hund, Löwe. Ehe der Mensch Helfer der Tiere und die Tierwesenhaftigkeiten Helfer des Menschen werden können, muß er sie als Einseitigkeiten erlebt und in sich überwunden haben. Er muß unterscheiden, welche Tiere, welche Triebkräfte des Inneren ihm helfen sollen, anstatt ihn ins Beliebige so oder so fortzureißen. Das prägt sehr intensiv das Bild des Helfer-Wolfes oder Helfer-Fuchs in den russischen Märchen aus: Es sind die Wolfskräfte im eigenen Inneren, die erkannt und gebändigt und in ihrer großen Kraft nun eingesetzt werden können zum Erreichen des guten Ziels – der Prinzessin, der unaussprechlichen Schönheit (s. das Märchen »Von Zarewitsch, dem Feiervogel und dem grauen Wolf« in F. Lenz). So etwa stellten sich einst die Römer die Statue der Wölfin – die die

Stadtgründer Romulus und Remus gesäugt haben sollte, sagte das Bildwort – hoch ins Anschauen, allerdings mehr zur irdisch-personalen als zur geistigen Macht helfend gefühlte Kraft.

Meistens muß der Held die Tiere der drei Naturreiche erkennen und ihnen helfen, ehe sie ihm helfen können. Wenn man das auf die vier Elementenlehren bezieht, so ist Wasser, Luft und Erde angesprochen – dann ist das vierte Element, das Feuer, als der Mensch gemeint. Es ist das geistige Feuer des zur vollen Erkenntnis strebenden Ichs. War es die erste Seinsstufe unseres Weltsystems, in Wärme zu erscheinen, so ist auf vollendeter oberer Stufe in neuer Art wieder die Wärme zu gewinnen durch das geistige Feuer des Menschen-Ich. Das entspricht »des Weltenwortes Feuerkraft«, dem Logos.

So muß nun der Mensch, wie Bata, als »Stier/Rind-Natur« geopfert, aber zugleich geistig real integriert werden. Allerdings enthält das alte Bild noch viel mehr Gewalt und Aussage, als es uns heute von selbst geben kann, wenn man es nicht genau befragt. In der sumerisch-ägyptischen Epoche gab es noch das Wildrind, das immer wieder zum helfenden nährenden Hausrind gebändigt wurde und das den Wildstier neben sich hatte. Heute muß man sich viele Urzonen erst wieder erwecken, um nicht zu veröden. Wir haben nur wenig Hilfen dazu, aber man kann sie nützen: Ferienerlebnisse in den Bergen, zoologische Gärten, Reisebücher, Bilder der alten Kulturen deuten an, was früher der unmittelbare Umgang mit der Tierwelt täglich gab. So kann man (auch mit der »Tierverhaltensforschung«) typische Triebweisen wach ins Bewußtsein holen, die früher in nächster Umweltbeobachtung und intuitiver Einfühlung erfahren wurden. Sie standen in den großen Tiersymbolen der Mythen, Kultkunst und Märchen als materialisierte Astralitäts-Gestalten anrufend und warnend um den Menschen.

Man kann also (im Nacherzählen oder Imaginieren) nicht beliebig Tiere verwechseln, denn jedes Tier meint eine Elementarsphäre und einen Kraftanteil und Wesenszug im Menschen selber. Wenn der Mensch, mit Seele (»Prinzessin«) und Geist (»Prinz«), die »Tiere« meistern lernte, dann sind diese Kraftmöglichkeiten in ihm zu Kräften geworden, die er anwenden kann: Es heißt dann, »die Tiere helfen ihm«. Die astralischen Trieb- und Fühlenskräfte, deren erstarrte Sonderformen als Tierreich vom Menschenweg abgesondert wurden, können erkannt und liebend neu eingeordnet werden. Es geschieht damit etwas von der »Erlösung«, nach der die Wesen »seufzen«, wie es einst Paulus formulierte.

Aber »das Helfen der Tiere« geschieht nur, wenn der Mensch selbstlos geworden ist. Und es geschieht nur, wenn er den Weg konsequent durchführt, indem er seine ungeordnete Natur in drei Schritten durchordnet: in Fühlen, Denken und Wollen. So ist es ausgebildert in der Geschichte der »Tochter der Blumenkönigin« oder in Grimms »Bienenkönigin« oder als Erfahrungsgewinn im Wald des »Eisenhans« mitgemeint. Denn der Mensch ist ein Wesen, das nur im Zusammenklang dreier Ansätze zur vollen Kraft des überschauenden Ichs kommt. Er ist wie alle Lebensrhythmen trinitarisch oder (zeitlich gesehen) »dialektisch«. Dabei erhöht und meistert er den trinitarischen Prozeß durch die Ichheit, die man so auch die vierte Kraft nennen kann. Auf diesem Weg gliedert er aus der einen »Goldkugel« des jungen Eisenhans-Prinzen die drei »Goldäpfel« auf, nachdem er »die drei Pferde« meisterte in sich und um sich. Und er kann nun die einstrahlenden und zusammenstrahlenden Kräfte des Ganzen, des Kosmos, als »Kristallkugel« erkennen. Der *»dialektische Geschichtsprozeß«* des Menschen, den Hegel um 1820 so klar und intensiv mitlebend herausleuchtete, ist nicht (wie bei Karl Marx) auf die wirtschaftlichen und technischen Materiebedingungen zu gründen, sondern er ist in Wahrheit Grundstruktur des geistigen Werdeprozesses des Menschen und seiner Auswirkung im täglichen Leben. Er heißt dreischrittig: Tun, Gegenbewegung, Einübung in neues Tun; These, Antithese, Synthese. Von Goethe wurde er schöpferisch formuliert als »Metamorphose = Gestaltwandel durch Polarität und Steigerung«. Dialektik ist spiralig steigend Grundprozeß von Bewußtsein und Handeln in unserem Sonnensystem. In dem geistigen Werden des über die Dreiheit bestimmenden, in sich polaren Menschen-Ich herrscht nicht Zwang und Außenbestimmtheit, sondern die Freiheit der Entscheidung für das Gute und seine Auswirkung in Wollen und Tun. Und das Gute ist immer das, was die Freiheit (eigene und nachbarliche) hütet.

Die alten Chinesen kannten solchen komplexen Ansatz des Menschen, sie bauten darauf ihr Orakelbuch, das *I Ging* (= Buch der Wandlungen), und ähnlich ihre Gymnastik. Im I Ging zeigten sie in dem Erdfeldquadrat des 8 × 8 die 64 Antwortmöglichkeiten für den fragenden Menschen: *polar und trinitarisch*. Die geteilte und die ungeteilte gerade Linie als Yin und Yang wurde als Dreiergruppe zweimal zusammengestellt zu je sechs Linien; die Kombinatorik dieser Zeichen befragte man in den 64 Feldern. Es entstanden dabei 8 Grundbilder (= »die Familie«) als Kern dieser die Dreiheit je zweimal bindenden und in ihrem Aufbau von unten nach oben psychologisch schicksalbezogen gedeuteten Linienpakete. Die Zweiheit und die Dreiheit faßte man also als Elemente alles formenden Werdens. Wir haben heute die 64 Möglichkeiten der Gen-Struktur aller Lebewesen in der physikalischen Forschung erkannt. Grundstrukturen sind im Osten wie im Westen erfaßt, nur je anders gehandhabt. Die Chinesen bauten auf dieser Basis ihre (noch heute intensiv geübte) Gymnastik als lebenfördernde und ordnende Kraft auf. Man arbeitet dabei unter Praktizierung der Polarmethode *»spannen/entspannen«* die *»drei Zinnoberfelder«* des menschlichen Körpergefüges mit den acht Grundübungen (den *»acht Brokatübungen«* aus dem Gesamtgewebe) atmend durch. Die »drei Zinnoberfelder«, zentrale Grundansätze meinend mit dem Zinnobersymbol, sind: das Feld Milz/Magen, also der Stoffwechsel und damit die Gliedmaßenerkraftung; das Feld Lunge/Herz, also die pulsierende Rhythmik; und das Feld Gehirn, also die Nerven und Sinneswahrnehmungen meinend. Hier ist die Dreigliederung des Organismus erfaßt und wird durch die Zweiheit und die Achtheit übend gepflegt.

Das Phänomen »zwei Brüder in der Dreiheit« durchzufühlen, das zerreißt den sich als eins fühlenden Menschen fast. Es ist dem Klavierschüler eine Art Schwellenerlebnis, Triolen zum Zweiertakt zu spielen. Aber eben solche Ausweitung in vielschichtige Dynamik ist der Weg zur Erkenntnis. So sind die Märchen-Imaginationen Vorübungen zur humanen Dreiheitskraft zwischen den

Polar-Thesen irdisch-physisch – geistig-physisch und Geist-Seele, Prinz-Prinzessin, Erden-Ich und die Sonnentochter Sophia. Über je beiden steht dann das geistige Ich des Menschen (gleichgültig, ob hier als Mann oder Frau erscheinend), in dem Intellekt, Fühlen und Handeln eins sind. Und: Überall bleibt (in der Bildsprache) doch die Entscheidung des Menschen frei. Auch der Weg, den der *Bate* (= »der Jüngste«) in Ägypten wählte, durch die Verwandlungsschmerzen hindurch dreischrittig Seinserkenntnis aufbauend, war seine freie Entscheidung. Und diese volle Erkenntnis führte ihn dann, durch das Polaritätsprinzip aktiviert, also die Polarkraft Anubis mitnehmend, in drei Schritten zur Würde-Kraft des Pharao-Seins, des königlichen Handelns in der Verantwortung für seinen Umkreis. Aber: Nicht dieser theoretische Satz, sondern die Entfaltung der flutenden Bildkraft, der Imagination, läßt wahrnehmen und läßt erleben, was an Substanz und Anruf gemeint ist.

Der freie Entschluß zum schwierigen Weg ist aber eine Form der Liebeskraft. Auf unserer Erde ist alles weisheitlich verbunden im Funktionsgefüge, bis oft hinauf zur Harmonie der Schönheit. Aber es muß etwas hinzugefügt werden: Wenn das weisheitlich Funktionelle erlebt, gelebt, erlitten wird – dann zeigt sich, daß es doch nicht einem leblosen Computer eingegeben wurde, sondern einem fühlenden und denkenden Wesen zugeteilt ist, dem es nun schmerzhaft und oft grausam wird. Es muß also das Funktionelle umgewandelt werden, indem man die Liebe hinzufügt und einarbeitet. In Mitleid und Aktion und Fragewillen tun das die Helden der Mythen und Märchen.

Man kann, sie anschauend, erleben und wissen, wie die Persönlichkeitswerdung sich entfaltete, die die immanente Zielung der (im weitesten Sinn) abendländischen Bewußtseinsgeschichte ist, vorgeübt für alle Menschengruppen der Erde. Bata ist noch ganz im dreischrittigen Prozeß und der Feld-Erkenntnis drinnen, vollzieht sie mit sich selbst, leidend. In den »Drei-Apfelsinen-Märchen« ist schon ein Abstand des Zusehens gegeben, die Prinzessin-Seele muß durch die Wandlung gehen, der Prinz schaut erst unbewußt, dann erkennend zu. Im »Eisenhans-Märchen« ist der Prinz selbst auch dienend doch der aufrecht Zuschauende (= anthropos) zugleich, auf den drei Pferden ist er mit dem Haupt im Weltraum, in den drei goldnen Früchten der Goldkugel schaut er souverän raffend zusammen, was in den drei Feldbereichen zum Menschsein wirkt. Und (parallel) Allerleirauh weiß im Dienen den Stufensinn und kann sich dann die drei Kleider, das Leuchten der Kraftfelder, umlegen.

Es ist ein Weg gegangen worden – aber man muß ihn kennen, ihn immer wieder nachvollziehen, um die Spur nicht zu verlieren. Dazu hilft die *Tafel der Imaginationen*, die in Grundbildern der Märchen (und Heldenmythen) andeutend vorgeformt sind. Da ist angezeichnet: die Goldkugel, die Kristallkugel, das Wassertropfenreich, der Baum des Schweigens (um die Rabenkräfte hereinzuholen), das Nähen der Gewänder für die Schwanenkräfte, der dreifache Kampf mit dem Drachen (der »unreinen Kraft«), der Weg ins Natur-Innere (zum »Teufel« und seiner weisen Urmutter) durch die drei Zonen der Baba Jagas, das Reiten der drei Pferde, das Hereinholen der Tochter der Sonne ins Hier und Jetzt im jeweils Möglichen, das Hereintreten der Sophia im vollen Menschsein. Die Bilderlehre lehrt: Kosmos, Erde, Menschenseele in ihren Prozessen anschauen, erkennen, gewinnen, mit ihnen wirken.

Es waren einmal zwei Brüder, sagt man, von ein und derselben Mutter und von ein und demselben Vater. Anubis war der Name des älteren, Bata der Name des jüngeren. Anubis besaß ein Haus und besaß eine Frau, während sein jüngerer Bruder bei ihm so lebte wie ein Sohn. Er (der jüngere) war es, der für ihn Kleider machte, der hinter seinem Vieh auf die Weide ging, und er war es auch, der pflügte und der für ihn erntete, kurz, er war es, der für ihn alle Feldarbeit verrichtete.

Sein jüngerer Bruder war ein kräftiger Jüngling. Es gab nicht seinesgleichen im ganzen Lande: die Kraft eines Gottes war in ihm.

Und viele Tage danach hütete sein jüngerer Bruder so wie alle Tage sein Vieh; jeden Abend kehrte er nach Hause zurück, beladen mit allerlei Kraut vom Felde, mit Milch, mit Holz und mit lauter schönen Sachen vom Felde. Er legte sie seinem älteren Bruder vor, der mit seiner Frau dasaß. Dann trank er und aß und ging hinaus, um in seinem Stall inmitten seiner Tiere zu schlafen.

Und wenn die Erde wieder hell wurde und der nächste Tag kam, bereitete er gekochte Speisen zu und legte sie seinem älteren Bruder vor. Dieser gab ihm Essen aufs Feld mit, und er (Bata) holte seine Rinder heraus, um sie auf dem Felde fressen zu lassen. Während er so hinter seinen Rindern herging, sagten sie ihm: »An dem und dem Platz ist das Kraut gut.« Er hörte alles, was sie sagten, und führte sie zu der guten Krautstelle, die sie sich wünschten. So gediehen die Rinder, die er hütete, überaus gut und kalbten vielmal so oft.

Zur Zeit des Pflügens sagte ihm einmal sein älterer Bruder: »Laß uns ein Joch Rinder einschirren zum Pflügen. Denn der Acker ist herausgekommen (aus dem Überschwemmungswasser), und er ist recht zum Pflügen. Komm dann aufs Feld mit Saatgut, denn wir wollen morgen früh tüchtig pflügen.« So sagte er ihm.

Sein jüngerer Bruder tat all das, von dem ihm sein älterer Bruder gesagt hatte: »Tue es!«

Und als die Erde wieder hell wurde und der nächste Tag kam,

gingen sie mit ihrem Saatgut aufs Feld und machten sich tüchtig ans Pflügen. Sie waren überaus froh bei ihrer Arbeit, der ersten Frühjahrsbestellung.

Und viele Tage danach, als sie auf dem Felde waren und Saatgut brauchten, schickte er (der ältere Bruder) seinen jüngeren Bruder und sagte: »Lauf und hol uns Saat aus dem Dorf.«

Sein jüngerer Bruder fand die Frau seines älteren Bruders, wie sie dasaß und frisiert wurde. Er sagte zu ihr: »Steh auf, damit du mir Saat gibst und ich schnell wieder aufs Feld komme, denn mein älterer Bruder wartet auf mich. Säume nicht!« Sie antwortete ihm: »Geh, öffne den Speicher und hol dir, was du willst. Mach nicht, daß mein Haar halb gemacht bleibt.«

Der junge Mann ging darauf in seinen Stall und holte einen großen Krug heraus, da er viel Saat mitnehmen wollte. Er lud sich Gerste und Emmer auf und ging damit hinaus.

Da sagte sie zu ihm: »Wieviel wiegt das, was du auf deiner Schulter trägst?« Er antwortete ihr: »Drei Zentner Emmer und zwei Zentner Gerste, macht zusammen fünf, was auf meiner Schulter ist.« So sagte er zu ihr.

Da begann sie ein Gespräch mit ihm und sagte: »In dir ist viel Kraft. Ja, ich sehe täglich deine Manneskraft«, und sie wünschte ihn als Mann kennenzulernen. Sie stand also auf, griff nach ihm und sagte zu ihm: »Komm, laß uns ein Schäferstündchen halten und beisammen schlafen. Das soll sich dir lohnen. Ich werde dir schöne Kleider dafür machen.«

Der junge Mann wurde wie ein oberägyptischer Panther, wenn er in Wut gerät, wegen des gemeinen Antrags, den sie ihm gemacht hatte, und sie fürchtete sich gar sehr. Dann sprach er zu ihr also: »Sieh, du bist für mich wie eine Mutter. Dein Mann ist für mich wie ein Vater. Er, der älter ist als ich, er hat mich aufgezogen. Was soll diese große Abscheulichkeit, die du zu mir gesagt hast! Sag sie mir nicht noch einmal! Ich will es keinem weitersagen. Ich werde es nicht aus meinem Mund herauslassen zu irgendeinem Menschen.« Er lud seine Last auf und ging aufs Feld. Er langte bei seinem älteren Bruder an, und sie arbeiteten tüchtig an ihrer Arbeit.

Später zur Abendzeit kehrte sein älterer Bruder nach Hause zurück; währenddessen besorgte sein jüngerer Bruder sein Vieh, lud sich allerlei Sachen vom Felde auf und trieb seine Herde vor sich her, um sie in ihrem Stall im Dorf schlafen zu lassen.

Die Frau seines älteren Bruders aber hatte Angst wegen des Antrags, den sie gemacht hatte. Sie holte darum Fett und Schmiere und verstellte sich, als ob sie geschlagen worden sei, um ihrem Mann sagen zu können: »Das war dein jüngerer Bruder, der mich geschlagen hat.«

Als ihr Mann am Abend wie alle Tage zurückkehrte, da fand er, als er nach Hause kam, seine Frau, wie sie dalag und sich krank stellte. Sie goß ihm kein Wasser auf die Hände, wie er es gewohnt war. Sie hatte auch kein Licht für ihn angezündet. Sondern sein Haus lag in Finsternis, und sie lag da und erbrach. Ihr Mann sagte zu ihr: »Wer hat mit dir gesprochen?« Sie antwortete ihm: »Niemand hat mit mir gesprochen außer deinem jüngeren Bruder. Als er kam, um für dich Saat zu holen, und er mich allein sitzen fand, sagte er zu mir: ›Komm, laß uns ein Schäferstündchen halten und beisammen schlafen. Mache deine Frisur zurecht!‹ So sagte er zu mir. Ich aber hörte nicht auf ihn. ›Bin ich nicht deine Mutter? Ist dein älterer Bruder zu dir nicht wie ein Vater?‹ sagte ich zu ihm. Da bekam er Angst, er schlug mich, damit ich es dir nicht melde. Wenn du ihn aber am Leben läßt, werde ich von selbst sterben. Sieh, wenn er kommt, höre ihn erst gar nicht an. Denn wenn ich dann diese schlimme Anklage gegen ihn erhöbe, dann würde er es doch nur zu einer Verleumdung gegen mich verdrehen.«

Da wurde sein älterer Bruder (wütend) wie ein oberägyptischer Panther. Er schärfte seine Lanze und nahm sie in die Hand.

Und sein älterer Bruder stellte sich hinter die Tür seines Stalles, um seinen jüngeren Bruder zu töten, wenn er am Abend heimkommen würde, um sein Vieh in den Stall zu lassen. Als die Sonne unterging, lud sich der jüngere Bruder wie jeden Tag allerlei Kräuter vom Felde auf. Er kam heim, die Leitkuh trat in den Stall und sagte zu ihrem Hirten: »Paß auf, dein älterer Bruder steht dir gegenüber mit seiner Lanze, um dich zu töten. Lauf weg vor ihm!«

Er hörte, was seine Leitkuh sagte. Dann trat die andere ein, und sie sagte dasselbe. Da guckte er unter die Tür seines Stalles, und er erblickte die Füße seines älteren Bruders, der hinter der Tür stand mit seiner Lanze in der Hand. Er warf seine Last auf den Boden und machte sich auf die Flucht. Sein älterer Bruder aber rannte hinter ihm her mit seiner Lanze.

Da rief sein jüngerer Bruder Re-Harachte an mit den Worten: »Mein guter Herr. Du bist es doch, der den Schuldigen vom Unschuldigen scheidet.« Da erhörte Re alle seine Bitten, und Re ließ zwischen ihm und seinem älteren Bruder ein großes Wasser entstehen, voller Krokodile. Der eine von ihnen kam auf die eine Seite zu stehen, der andere auf die andere. Sein älterer Bruder schlug sich zweimal auf die Hand (aus Ärger darüber), daß er ihn nicht getötet hatte.

Sein jüngerer Bruder rief ihm von der anderen Seite her zu: »Bleib dort stehen, bis die Erde wieder hell wird. Sobald der Sonnengott aufgeht, werde ich mit dir vor ihm rechten. Er wird den Schuldigen dem Unschuldigen übergeben. Wahrlich, ich werde niemals mehr bei dir leben, niemals. Ich werde nicht mehr am selben Ort sein, wo du bist, sondern ich werde zum Tal der Schirmpinie gehen.«

Und als die Erde wieder hell wurde und der nächste Tag kam, ging Re-Harachte (die Sonne) auf, und sie erblickten einander. Der junge Mann wendete sich an seinen älteren Bruder mit den Worten: »Was kommst du hinter mir her, um mich zu töten nur auf Verleumdung hin, ohne meinen Mund sprechen zu hören? Ich bin doch dein jüngerer Bruder; du bist für mich wie ein Vater, deine Frau ist für mich wie eine Mutter. Ist es nicht so? Als ich geschickt wurde, für uns Saatgut zu holen, sagte deine Frau zu mir: ›Komm, laß uns ein Schäferstündchen halten und beisammen schlafen.‹ Sieh, und nun hat sie dir gegenüber die Sache ins Gegenteil verkehrt.« Und er unterrichtete ihn von allem, was mit ihm und seiner Frau vorgekommen war.

Dann schwur er bei Re-Harachte: »So wahr du kamst mit deiner Lanze, um mich auf Verleumdung hin um einer schmutzigen Dirne willen zu töten, so wahr tue ich, was ich jetzt tun werde.« Er nahm ein Schilfmesser, und er schnitt sich das Glied ab; er warf es ins Wasser, und der Wels verschluckte es. Er wurde schwach und zusehends elend. Sein älterer Bruder hatte sehr, sehr Mitleid und fing an, laut um ihn zu weinen. Aber er konnte nicht hinüber, wo sein jüngerer Bruder war, wegen der Krokodile.

Da rief ihm sein jüngerer Bruder zu: »Wenn du dich an etwas Böses erinnerst, kannst du dich da nicht auch an etwas Gutes erinnern oder an irgend etwas, was ich für dich getan habe? Gehe jetzt nach Hause und sorge selbst für dein Vieh, denn ich bleibe nicht am selben Ort, wo du bist, sondern ich werde zum Tal der Schirmpinie gehen. Was du aber für mich tun sollst, ist: zu kommen und für mich zu sorgen, wenn du erfährst, daß mir etwas zugestoßen ist. Ich werde mir nämlich das Herz herausnehmen und es auf die Blüte der Schirmpinie legen. Wenn die Zeder gefällt wird und es (mein Herz) zu Boden fällt, und du kommst, es zu suchen, und wenn du sieben Jahre lang suchen mußt, so laß es dein Herz nicht verdrießen. Wenn du es aber gefunden hast und es in eine Schale mit frischem Wasser legst, dann werde ich wieder leben, um dem heimzuzahlen, der sich an mir vergriffen hat. Du erfährst, daß mir etwas zugestoßen ist, wenn man dir einen Becher Bier reicht und es überschäumt. Warte dann nicht mehr, wenn dir das begegnet.«

Dann ging er fort ins Tal der Schirmpinie, während sein älterer Bruder nach Hause ging mit Staub beschmiert, seine Hände (aus Schmerz) auf den Kopf gelegt. Er kam nach Hause, tötete seine Frau und warf sie den Hunden vor. Dann setzte er sich in Trauer über seinen Bruder.

Und viele Tage danach lebte sein jüngerer Bruder im Tal der Schirmpinie. Niemand war bei ihm; tagsüber jagte er Wild der Wüste, dann kam er zurück, um abends unter der Schirmpinie zu schlafen, auf deren Blüte sein Herz lag.

Und viele Tage danach baute er sich im Tal der Schirmpinie mit eigener Hand ein Schloß, das voll war mit lauter schönen Sachen, in der Absicht, sich einen Hausstand zu gründen. Eines Tages ging er aus seinem Schloß hinaus und traf die Götterneunheit, die herumreiste, um für das ganze Land zu sorgen. Da sprachen die Götter der Neunheit untereinander und sagten dann zu ihm: »Ach

Bata, Stier der Götterneunheit! Bist du hier ganz allein, nachdem du deine Stadt verlassen hast, wegen der Frau des Anubis, deines älteren Bruders? Sieh her, er hat seine Frau getötet, und so hast du ihm alles heimgezahlt, was dir zugefügt wurde.«

Ihr Herz hatte sehr großes Mitleid mit ihm, und Re-Harachte sprach zum (Schöpfergott) Chnum: »Ach, forme ein Weib für Bata, damit er nicht allein wohne!« Und Chnum machte ihm eine Lebensgefährtin, deren Erscheinung schöner war als die aller Frauen im ganzen Lande und in die jeder Gott eingegangen war. Die sieben Hathoren (Schicksalsgöttinnen) kamen, sie anzuschauen, und sie sagten einstimmig: »Sie wird eines gewaltsamen Todes sterben.«

Er (Bata) begehrte sie gar sehr. Sie wohnte in seinem Haus, während er tagsüber Wild der Wüste jagte und es brachte und ihr vorlegte. Er sagte zu ihr: »Gehe nicht aus, damit dich das Meer nicht ergreift. Ich kann dich nicht vor ihm retten, denn ich bin eine Frau wie du. Mein Herz liegt auf der Blüte der Schirmpinie, und wenn es einer findet, muß ich mit ihm kämpfen.« Und er eröffnete ihr sein Herzensgeheimnis ganz und gar.

Und viele Tage danach ging Bata nach seiner täglichen Gewohnheit aus, um zu jagen. Da trat die junge Frau heraus, um sich unter der Schirmpinie neben ihrem Hause zu ergehen. Da sah sie plötzlich das Meer hinter sich herrollen, und sie machte sich vor ihm auf die Flucht und rannte in ihr Haus. Aber das Meer rief der Schirmpinie zu: »Halt sie mir fest!« Und die Schirmpinie holte eine Locke von ihrem Haar. Dann brachte das Meer sie (die Locke) nach Ägypten, und es setzte sie ab an den Platz der Wäscher des Pharao.

Der Duft der Haarlocke geriet in die Kleider des Pharao, und man schalt mit den königlichen Wäschern: »Es ist noch Parfümduft in den Kleidern des Pharao.« So schalt man mit ihnen jeden Tag, und sie wußten nicht mehr, was sie tun sollten. Schließlich ging der Oberwäscher des Pharao zum (Waschplatz am) Ufer hinunter, sehr ärgerlich im Herzen, weil er täglich ausgescholten wurde.

Er blieb stehen und stand auf dem Sande gerade gegenüber der Haarlocke, die im Wasser lag. Da schickte er einen hinunter, und man brachte sie ihm. Er fand ihren Duft gar sehr lieblich, und er brachte sie zu Pharao.

Man holte die Schreiber und Gelehrten des Pharao, und sie sagten zu Pharao: »Diese Haarlocke, sie gehört einer Tochter Re-Harachtes, in der der Segen eines jeden Gottes ist. Sie ist ein Gruß für dich aus einem anderen Land. Schick Boten aus in jedes Ausland, um sie zu suchen. Aber mit dem Boten zum Tal der Schirmpinie, mit dem laß viele Leute ziehen, sie herzuholen.« Da sprach Seine Majestät: »Das ist schön, sehr schön, was ihr da sagt!« Und man schickte sie eilends aus.

Und viele Tage danach kamen die Leute, die ins Ausland gezogen waren, zurück, um Seiner Majestät zu berichten. Die aber, die ins Tal der Schirmpinie gegangen waren, kamen nicht zurück, denn Bata hatte sie getötet; er hatte aber einen von ihnen übriggelassen, damit er Seiner Majestät berichte.

Da schickte Seine Majestät wiederum viele Soldaten und Wagenkämpfer aus, um sie zu holen. Unter ihnen war auch eine Frau, durch die Man ihr allerlei schönen Frauenputz mitschickte.

Diese Frau kam mit ihr (Batas Frau) nach Ägypten, und man jubelte ihr im ganzen Lande zu. Seine Majestät liebte sie gar sehr, und Man ernannte sie zur Großen Haremsdame.

Dann sprach Man (der König) mit ihr, um sie dazu zu bringen, daß sie verrate, was es mit ihrem Gemahl auf sich habe, und sie sagte Seiner Majestät: »Laß die Schirmpinie fällen und sie zerhakken!« Man schickte Soldaten mit ihren Geräten aus, um die Schirmpinie zu fällen. Sie kamen zur Schirmpinie, und sie schnitten die Blüte ab, auf der das Herz Batas lag, und der fiel im gleichen Augenblick tot um.

Als die Erde wieder hell wurde und der nächste Tag kam, da die Schirmpinie gefällt wurde, trat Anubis, der ältere Bruder Batas, in sein Haus und setzte sich nieder, um seine Hände zu waschen. Man reichte ihm einen Becher Bier, und dieser schäumte über. Man gab ihm einen anderen mit Wein, und er wurde schlecht.

Da nahm er seinen Stock und seine Sandalen und auch seine Kleider und seine Waffen, und er machte sich auf, ins Tal der Schirmpinie zu wandern. Er trat in das Schloß seines jüngeren

Bruders, und er fand seinen jüngeren Bruder tot auf seinem Bette liegen. Er weinte, als er seinen jüngeren Bruder als einen Toten liegen sah. Dann ging er, um das Herz seines jüngeren Bruders unter der Schirmpinie zu suchen, unter der sein jüngerer Bruder abends geschlafen hatte.

Er verbrachte drei Jahre damit, es zu suchen, aber er fand es nicht. Als er das vierte Jahr anfing, wünschte sein Herz nach Ägypten heimzugehen, und er sagte: »Morgen gehe ich fort.« So sprach er bei sich.

Als die Erde wieder hell wurde und der nächste Tag kam, machte er sich wieder auf, unter die Schirmpinie zu gehen, und verbrachte den ganzen Tag damit, es zu suchen. Am Abend wollte er gerade heimgehen und suchte es nur noch einmal einen Augenblick – da fand er eine Frucht und nahm sie mit heim. Und dies war das Herz seines jüngeren Bruders. Er holte eine Schale frischen Wassers und warf es hinein. Dann setzte er sich hin, wie er es täglich tat.

Als es Nacht geworden war und das Herz das Wasser geschluckt hatte, zitterte Bata an seinem ganzen Leibe und richtete seinen Blick auf seinen älteren Bruder, während sein Herz noch in der Schale lag. Dann nahm Anubis, sein älterer Bruder, die Schale mit frischem Wasser, in der das Herz seines jüngeren Bruders lag, und ließ es ihn trinken. Und als sein Herz an seinem richtigen Platz angelangt war, wurde er wieder, wie er war.

Einer umarmte den anderen, und sie redeten miteinander. Dann sagte Bata zu seinem älteren Bruder: »Sieh, ich werde ein großer Stier werden mit allen schönen Farben und von unbekannter Art. Du wirst dich auf meinen Rücken setzen, bis die Sonne aufgeht. Dann sind wir dort, wo meine Frau ist, auf daß ich Vergeltung übe. Dann wirst du mich dorthin bringen, wo Man (der König) ist. Man wird dir alles Gute tun, und Man wird dir mich in Silber und Gold aufwiegen, weil du mich zu Pharao gebracht hast. Denn ich werde ein großes Wunder werden, man wird mir im ganzen Lande zujubeln. Danach wirst du heimgehen in dein Dorf.«

Als die Erde wieder hell wurde und ein neuer Tag kam, verwandelte sich Bata in die Gestalt, die er seinem älteren Bruder genannt hatte. Anubis, sein älterer Bruder, setzte sich auf seinen Rücken bis zum Tagesanbruch, und er gelangte dorthin, wo der König war. Man setzte Seine Majestät davon in Kenntnis. Er schaute sich ihn an. Er geriet in sehr große Freude über ihn und veranstaltete ihm ein großes Opfer und sagte: »Ein großes Wunder ist geschehen.« Und man jubelte ihm im ganzen Lande zu.

Man wog ihn seinem älteren Bruder mit Silber und Gold auf, und der ließ sich in seinem Dorfe nieder. Man gab ihm viele Leute und viele Dinge mit, und Pharao liebte ihn gar sehr, mehr als alle Menschen im ganzen Lande.

Und viele Tage danach trat der Stier ins Küchenhaus; er stellte sich dorthin, wo die Dame war, und begann folgendermaßen mit ihr zu sprechen: »Sieh, ich lebe noch!« Sie sagte zu ihm: »Wer bist du denn?« Er antwortete ihr: »Ich bin Bata. Du weißt doch, als du die Schirmpinie hast zerhacken lassen für Pharao, daß das meinetwegen geschehen ist, um mich nicht mehr leben zu lassen. Sieh, ich lebe aber doch, und zwar als Stier.«

Da bekam die Dame sehr große Angst wegen der Mitteilung, die ihr Gatte ihr gemacht hatte. Er aber ging aus dem Küchenhaus hinaus.

Seine Majestät saß und feierte mit ihr einen schönen Tag. Sie schenkte Seiner Majestät ein, und Man (Pharao) war sehr, sehr gut mit ihr.

Da sagte sie zu Seiner Majestät: »Schwöre mir bei Gott: ›Was sie (die Dame) sagen wird, werde ich ihr zuliebe erhören‹«, und er erhörte alles, was sie sagte. »Laß mich von der Leber dieses Stieres essen, denn er taugt zu nichts.« So sprach sie zu ihm. Der König war über das, was sie gesagt hatte, sehr, sehr betroffen, und das Herz des Pharao war voller Mitleid für ihn.

Als die Erde wieder hell wurde und der nächste Tag kam, rief man ein großes Opferfest aus für das Stieropfer. Man schickte einen der besten königlichen Schlächter Seiner Majestät, um den Stier zu schlachten. Daraufhin wurde er geopfert. Als er schon auf den Schultern der Leute (Träger) lag, schüttelte er seinen Nacken und ließ aus ihm neben die beiden Türpfosten Seiner Majestät zwei Tropfen Blut fallen; dabei geriet der eine auf die eine Seite des großen Tores Pharaos, der andere auf die andere Seite.

Sie wuchsen zu zwei großen Perseabäumen auf, von denen jeder überragend war. Man ging, Seiner Majestät zu sagen: »Zwei große Perseabäume sind in der Nacht als großes Wunder für Seine Majestät neben dem großen Tor Seiner Majestät gewachsen.« Man jubelte ihnen im ganzen Lande zu, und man brachte ihnen Opfer dar.

Viele Tage danach erschien Seine Majestät im Erker aus Lapislazuli, einen Kranz von vielerlei Blumen an seinem Halse. Er stieg auf einen goldenen Wagen und fuhr aus dem Palast, um die Perseabäume anzusehen. Die Dame fuhr im Wagen hinter Pharao her. Seine Majestät setzte sich unter einen der Perseabäume (und die Dame unter den anderen). Da begann Bata folgendermaßen mit seiner Frau zu sprechen: »O du Verräterin! Ich bin Bata. Ich lebe dir zum Trotz! Du weißt doch, als du die Pinie hast fällen lassen für Pharao, daß das meinetwegen geschehen ist. Ich habe mich dann in einen Stier verwandelt, und du hast mich wieder töten lassen.«

Viele Tage danach schenkte die Dame Seiner Majestät ein, und Man (Pharao) war gut mit ihr. Und sie sagte zu Seiner Majestät: »Schwöre mir bei Gott: ›Was die Dame mir sagen wird, werde ich ihr zuliebe erhören.‹ So sollst du sagen.« Und er erhörte alles, was sie sagte. Sie sagte: »Laß die beiden Perseabäume fällen und zu schönen Möbeln machen.« Man erhörte alles, was sie sagte.

Unverzüglich schickte Seine Majestät erfahrene Handwerker, und man fällte die Perseabäume Pharaos. Die königliche Gemahlin, die Dame, schaute zu.

Da flog ein Splitter davon und schnellte in den Mund der Dame. Sie verschluckte (ihn) und wurde augenblicklich schwanger. Aus den Bäumen aber machte man, was sie wünschte.

Viele Tage danach gebar sie einen Knaben. Man ging, Seiner Majestät zu melden: »Dir ist ein Sohn geboren.« Man holte ihn und gab ihm eine Amme und Wärterinnen, und man jubelte im ganzen Lande. Man (der König) ließ sich nieder und verbrachte einen schönen Tag, und Man nahm ihn auf den Schoß. Seine Majestät liebte ihn gar sehr von Stund an, und Man ernannte ihn zum Königssohn von Nubien.

Viele Tage danach machte ihn Seine Majestät zum Erbprinzen des ganzen Landes.

Und wieder viele Tage danach, als er viele Jahre als Erbprinz im ganzen Land (Ägypten) verbracht hatte, flog (die Seele) Seiner Majestät zum Himmel.

Darauf sprach Man (der neue König Bata): »Man führe mir die hohen Beamten Seiner Majestät her, damit ich sie alles wissen lasse, was mir widerfahren ist.«

Man führte ihm auch seine Frau herein; er ging mit ihr ins Gericht, und Man stimmte dessen Urteil zu. Man führte ihm auch seinen älteren Bruder herein, und er machte ihn zum Erbprinzen im ganzen Lande.

Bata war dreißig Jahre König von Ägypten und ging dann ins (ewige) Leben ein. Dann trat sein älterer Bruder an seine Stelle am Tage (seines) Heimgangs.

Nachschrift des Abschreibers: Es ist schön zu Ende gekommen – und in Frieden – unter dem Schreiber des Schatzamtes Kagab vom Schatzamt des Pharao wie unter dem Schreiber Hori und dem Schreiber Mer-em-Ipet. Verfertigt vom Schreiber Ennana, dem Besitzer dieses Papyrus. Wer über dies Buch schlecht redet, dem wird Thoth feind sein.

Aus: *»Altägyptische Märchen«*, übertragen und bearbeitet von E. Brunner-Traut (Diederichs)

DIE KRISTALLKUGEL

Es war einmal eine Zauberin, die hatte drei Söhne, die sich brüderlich liebten, aber die Alte traute ihnen nicht und dachte, sie wollten ihr die Macht rauben. Da verwandelte sie den ältesten in einen Adler, der mußte auf einem Felsengebirge hausen, und man sah ihn manchmal am Himmel in großen Kreisen auf und nieder schweben. Den zweiten verwandelte sie in einen Walfisch, der lebte im tiefen Meer, und man sah nur, wie er zuweilen einen mächtigen Wasserstrahl in die Höhe warf. Beide hatten nur zwei Stunden jeden Tag die menschliche Gestalt. Der dritte Sohn, da er fürchtete, sie möchte ihn auch in ein reißendes Tier verwandeln, in einen Bären oder in einen Wolf, so ging er heimlich fort. Er hatte aber gehört, daß auf dem Schloß der goldenen Sonne eine verwünschte Königstochter säße, die auf Erlösung harrte. Es müßte aber jeder sein Leben daran wagen, schon dreiundzwanzig Jünglinge wären eines jämmerlichen Todes gestorben und nur noch einer übrig, dann dürfte keiner mehr kommen. Und da sein Herz ohne Furcht war, so faßte er den Entschluß, das Schloß von der goldenen Sonne aufzusuchen.

Er war schon lange Zeit herumgezogen und hatte es nicht finden können, da geriet er in einen großen Wald und wußte nicht, wo der Ausgang war. Auf einmal erblickte er in der Ferne zwei Riesen, die winkten ihm mit der Hand, und als er zu ihnen kam, sprachen sie: »Wir streiten um einen Hut, wem er zugehören soll, und da wir beide gleich stark sind, so kann keiner den andern überwältigen. Die kleinen Menschen sind klüger als wir, daher wollen wir dir die Entscheidung überlassen.«

»Wie könnt ihr euch um einen alten Hut streiten?« sagte der Jüngling. »Du weißt nicht, was er für Eigenschaften hat, es ist ein Wünschhut, wer den aufsetzt, der kann sich hinwünschen, wohin er will, und im Augenblick ist er dort.«

»Gebt mir den Hut«, sagte der Jüngling, »ich will ein Stück Wegs gehen, und wenn ich euch dann rufe, so lauft um die Wette, und wer am ersten bei mir ist, dem soll er gehören.« Er setzte den Hut auf und ging fort, dachte aber an die Königstochter, vergaß die Riesen und ging immer weiter. Einmal seufzte er aus Herzensgrund und rief: »Ach, wäre ich doch auf dem Schloß der goldenen Sonne!« Und kaum waren die Worte über seine Lippen, so stand er auf einem hohen Berg vor dem Tor des Schlosses.

Er trat hinein und ging durch alle Zimmer, bis er in dem letzten die Königstochter fand. Aber wie erschrak er, als er sie anblickte: Sie hatte ein aschgraues Gesicht voll Runzeln, trübe Augen und rote Haare. »Seid Ihr die Königstochter, deren Schönheit alle Welt rühmt?« rief er aus. »Ach«, erwiderte sie, »das ist meine Gestalt nicht, die Augen der Menschen können mich nur in dieser Häßlichkeit erblicken, aber damit du weißt, wie ich aussehe, so schau in den Spiegel, der läßt sich nicht irre machen, der zeigt dir mein Bild, wie es in Wahrheit ist.« Sie gab ihm den Spiegel in die Hand, und er sah darin das Abbild der schönsten Jungfrau, die auf der Welt war, und sah, wie ihr vor Traurigkeit die Tränen über die Wangen rollten. Da sprach er: »Wie kannst du erlöst werden? Ich scheue keine Gefahr.« Sie sprach: »Wer die kristallne Kugel erlangt und hält sie dem Zauberer vor, der bricht damit seine Macht, und ich kehre in meine wahre Gestalt zurück. Ach«, setzte sie hinzu, »schon so mancher ist darum in seinen Tod gegangen, und du junges Blut, du jammerst mich, wenn du dich in die großen Gefährlichkeiten begibst.«

»Mich kann nichts abhalten«, sprach er, »aber sage mir, was ich tun muß.«

»Du sollst alles wissen«, sprach die Königstochter, »wenn du den Berg, auf dem das Schloß steht, hinabgehst, so wird unten an einer Quelle ein wilder Auerochs stehen, mit dem mußt du kämpfen. Und wenn es dir glückt, ihn zu töten, so wird sich aus ihm ein feuriger Vogel erheben, der trägt in seinem Leib ein glühendes Ei, und in dem Ei steckt als Dotter die Kristallkugel. Er läßt aber das Ei nicht fallen, bis er dazu gedrängt wird, fällt es aber auf die Erde, so zündet es und verbrennt alles in seiner Nähe, und das Ei selbst zerschmilzt und mit ihm die kristallne Kugel, und all deine Mühe ist vergeblich gewesen.«

Der Jüngling stieg hinab zu der Quelle, wo der Auerochse schnaubte und ihn anbrüllte. Nach langem Kampf stieß er ihm sein Schwert in den Leib, und er sank nieder.

Augenblicklich erhob sich aus ihm der Feuervogel und wollte fortfliegen, aber der Adler, der Bruder des Jünglings, der zwischen den Wolken daher zog, stürzte auf ihn herab, jagte ihn nach dem Meer hin und stieß ihn mit seinem Schnabel an, so daß er in der Bedrängnis das Ei fallen ließ.

Es fiel aber nicht in das Meer, sondern auf eine Fischerhütte, die am Ufer stand, und die fing gleich an zu rauchen und wollte in Flammen aufgehen. Da erhoben sich im Meer haushohe Wellen, strömten über die Hütte und bezwangen das Feuer. Der andere Bruder, der Walfisch, war herangeschwommen und hatte das Wasser in die Höhe getrieben. Als der Brand gelöscht war, suchte der Jüngling nach dem Ei und fand es glücklicherweise. Es war noch nicht geschmolzen, aber die Schale war von der plötzlichen Abkühlung durch das kalte Wasser zerbröckelt, und er konnte die Kristallkugel unversehrt herausnehmen.

Als der Jüngling zu dem Zauberer ging und sie ihm vorhielt, so sagte dieser: »Meine Macht ist zerstört, und du bist von nun an der König vom Schloß der goldenen Sonne. Auch deinen Brüdern kannst du die menschliche Gestalt damit zurückgeben.« Da eilte der Jüngling zu der Königstochter, und als er in ihr Zimmer trat, so stand sie da in vollem Glanz ihrer Schönheit, und beide wechselten voll Freude ihre Ringe miteinander.

Aus: *»Grimms Kinder- und Hausmärchen«*, nach der Ausgabe von 1857.

Es war einmal ein Königssohn, der ritt eines Tages hinaus auf die Jagd und kam mitten auf einer großen Waldwiese an einen langen, tiefen und breiten Graben. Er hielt sein Pferd an und wollte umkehren, als er im Graben jemand wimmern hörte. Er stieg vom Pferd und ging dem Ton nach und fand eine alte Frau, die bat ihn, er möge sie aus dem Graben heben. Der Königssohn stieg hinunter und holte die alte Frau herauf.

»Wie seid ihr in den tiefen Graben hineingeraten?« fragte er.

»Ach«, sagte die Alte, »ich bin eine sehr arme Frau und machte mich gleich nach Mitternacht auf den Weg in die Stadt, um Eier zu verkaufen. Da verfehlte ich im Dunklen den Weg und fiel in diesen Graben. Gott segne Euch.«

Da sagte der Königssohn: »Ihr könnt kaum gehen! Ich will Euch auf mein Pferd setzen und nach Hause führen. Wo wohnt Ihr?«

»Dort, am Rand des Waldes, in der kleinen Hütte«, antwortete die Alte. Der Königssohn hob sie auf sein Pferd, und bald erreichten sie die Hütte. Die Alte stieg ab und sagte: »Wartet nur ein wenig! Ich will Euch etwas geben!« Sie ging in ihre Hütte hinein, kam zurück und sprach: »Du bist ein großer Herr und hast doch ein gutes Herz, das wert ist, belohnt zu werden. Willst du die schönste Frau der Welt zur Gattin haben?« – »Ja!« antwortete der Königssohn, »das will ich.«

»Die schönste Frau der Welt ist die Tochter der Blumenkönigin, die ein Drache gefangenhält. Willst du sie zur Gattin haben, so mußt du sie aus der Gefangenschaft befreien, und dabei will ich dir helfen. Ich gebe dir dieses Glöckchen. Wenn du einmal damit läutest, so erscheint der Adlerkönig. Wenn du zweimal läutest, dann kommt der Fuchskönig. Wenn du dreimal läutest, kommt der Fischkönig. Diese werden dir in der Not beistehen. Jetzt lebe wohl, und Gott segne deine Fahrt.«

Sie gab ihm das Glöcklein und verschwand mitsamt der Hütte,

als hätte sie der Erdboden verschlungen. Nun wußte der Königssohn, daß er mit einer guten Alten, mit einer Fee gesprochen hatte, und nachdem er das Glöcklein wohl verwahrt hatte, ritt er heim und sagte seinem Vater, daß er die Tochter der Blumenkönigin freien wolle und morgen hinaus in die Welt reite, um sie zu suchen.

Am nächsten Morgen stieg der Prinz auf sein edles Pferd und verließ die Heimat. Ein Jahr lang hatte er schon die Welt durchzogen, sein Pferd war gestorben, und er selber litt Mangel und Not. Da erreichte er eines Tages eine Hütte, vor der ein uralter Mann saß. Der Königssohn fragte ihn: »Weißt du nicht, wo der Drache wohnt, der die Tochter der Blumenkönigin gefangenhält?«

»Das weiß ich nicht«, antwortete der alte Mann, »aber wandere noch ein Jahr lang diesen Weg geradeaus weiter, dann wirst du zu einer Hütte kommen, in der mein Vater wohnt. Der wird es dir vielleicht sagen können.« Der Königssohn bedankte sich für die Auskunft und zog wieder ein ganzes Jahr lang den Weg weiter, und endlich erreichte er eine Hütte, vor der ein uralter Greis saß.

»Weißt du nicht, wo der Drache wohnt, der die Tochter der Blumenkönigin gefangenhält?« fragte der Prinz.

»Das weiß ich nicht«, antwortete der Greis, »gehe noch ein Jahr lang diesen Weg geradeaus weiter, dann wirst du eine Hütte erreichen, in der mein Vater wohnt. Der wird es dir schon sagen.«

So wanderte der Königssohn das dritte Jahr weiter auf wilden Wegen, bis er endlich die Hütte erreichte, vor der ein uralter Greis saß. Den fragte er: »Weißt du, wo der Drache wohnt, der die Tochter der Blumenkönigin gefangenhält?«

Der Greis antwortete: »Der Drache wohnt dort oben auf dem hohen Berg und hält eben seinen Jahresschlaf. Ein Jahr lang ist er wach, und ein Jahr lang schläft er. Gestern hat er seinen Jahresschlaf begonnen. Willst du aber die Tochter der Blumenkönigin sehen, so gehe auf den zweiten Berg: Dort wohnt die alte Drachenmutter, zu der jeden Abend die Tochter der Blumenkönigin auf den Ball geht.«

Der Königssohn stieg also hinauf auf den zweiten Berg, und dort sah er ein goldenes Schloß mit diamantenen Fenstern. Er wollte gerade durch das Tor in den Hofraum treten, als sieben Drachen auf ihn losstürmten und riefen: »Was suchst du hier?«

»Ich habe von der großen Macht und Güte der Drachenmutter gehört und möchte gern bei ihr in den Dienst treten«, antwortete der Königssohn.

Diese schmeichelhafte Rede gefiel den Drachen, und der älteste von ihnen sprach: »Komm also, damit ich dich zur Drachenmutter führe!«

Sie traten in das Schloß ein und schritten durch zwölf prachtvolle Säle, in denen alles aus Gold und Diamant war. Im zwölften Saal saß auf diamantnem Thron die Drachenmutter. Sie war das häßlichste Weib, das die Sonne je beschienen hat, und hatte drei Köpfe. Der Königssohn erschrak gewaltig, besonders als sie ihn mit einer Stimme, die dem Krächzen von siebzig Raben glich, fragte:

»Warum bist du hergekommen?« – »Ich habe von deiner großen Macht und Güte gehört«, antwortete der Königssohn, »und ich möchte gern dein Diener werden.«

»So«, sagte die Drachenmutter. »Wenn du mein Diener werden willst, so mußt du erst meine Stute drei Tage hindurch auf die Weide führen und hüten. Doch bringst du sie nur einmal nicht heim, so fressen wir dich auf.«

Der Königssohn versprach es zu tun und führte die Stute hinaus auf die Weide am Ufer eines großen Stroms. Doch kaum war er auf der Wiese angelangt, da stürmte die Stute fort und verschwand. Vergeblich suchte er sie überall, er fand sie nirgends. So saß er nun auf einem Stein, über sein trauriges Los nachdenkend. Plötzlich sah er einen Adler in weiter Ferne hoch im Himmel fliegen. Da fiel ihm das Glöcklein der Fee ein, und er läutete damit einmal. Gleich darauf rauschte es in der Luft, und der Adlerkönig ließ sich vor ihm nieder.

»Ich weiß, was du von mir haben willst. Du suchst die Stute der Drachenmutter. Sie treibt sich oben in den Wolken herum. Ich werde aber alle Adler aussenden, damit sie die Stute einfangen und dir bringen.« Und der Adlerkönig flog fort.

Gegen Abend hörte der Königssohn gewaltiges Rauschen in der Luft, und als er hinaufblickte, da sah er, wie viele tausend Adler die Stute heranbrachten. Sie ließen sich vor ihm nieder und übergaben ihm das Pferd. Der Prinz ritt nun heim zur Drachenmutter, die voll Verwunderung zu ihm sprach: »Heute ist es dir gelungen, die Stute heimzuführen. Als Lohn dafür darfst du am Ball teilnehmen.«

Sie gab ihm einen kupfernen Mantel und führte ihn in einen Saal, wo viele Drachenjünglinge und Drachenfräulein tanzten, aßen und tranken. Dort war auch die schöne Tochter der Blumenkönigin. Ihr Kleid war aus allen Blumen der Welt gewebt, und wenn sie lachte, so lachte sie Rosen und Jasmin.

Als der Prinz mit ihr tanzen durfte, flüsterte er ihr zu: »Ich bin gekommen, um dich zu befreien.« Da sagte die schöne Jungfrau zu ihm: »Wenn es dir gelingt, auch am dritten Tag die Stute heimzubringen, so verlange von der Drachenmutter ein Füllen von dieser Stute.«

Der Ball war um Mitternacht zu Ende, und am anderen Morgen führte der Königssohn die Stute der Drachenmutter wieder auf die Weide am Strom. Aber sie verschwand sogleich wieder aus seinem Blick. Da nahm er sein Glöcklein hervor und läutete nun zweimal. Gleich darauf erschien der Fuchskönig und sprach: »Ich weiß schon dein Begehr und werde alle Füchse aufbieten, damit sie die Stute herführen. Sie hat sich in einem Berg versteckt.« Darauf verschwand der Fuchskönig, und gegen Abend brachten viele tausend Füchse die Stute heran. Der Königssohn ritt nun heim zur Drachenmutter, und sie gab ihm einen silbernen Mantel und erlaubte ihm, am Ball teilzunehmen. Die Tochter der Blumenkönigin freute sich sehr, als sie ihn wieder sah, und als sie miteinander tanzten, flüsterte sie ihm zu: »Wenn es dir auch morgen gelingt, die Stute heimzubringen, so erwarte mich mit dem Füllen dort unten auf der Wiese. Nach dem Ball fliehen wir von hier fort.«

Am dritten Tag führte der Königssohn die Stute wieder auf die Wiese am Strom, aber auch diesmal verschwand sie. Da nahm der Prinz sein Glöcklein hervor und läutete damit dreimal. Sogleich erschien der Fischkönig und sagte: »Ich weiß schon, was du willst, und werde alle Fische aufbieten, damit sie die Stute herbringen. Sie hat sich im Fluß versteckt.«

Gegen Abend erhielt der Königssohn die Stute wieder, aus

dem Wasser stieg sie herauf, und als er heimkehrte, sprach die Drachenmutter zu ihm:

»Du bist ein tüchtiger Junge und sollst mein Leibdiener werden. Was soll ich dir als ersten Lohn schenken?« Der Königssohn erbat sich ein Füllen von der Stute. Die Drachenmutter gab es ihm und dazu noch einen goldenen Mantel.

Am Abend kam er im goldenen Mantel zum Ball, und bevor noch das Fest zu Ende ging, schlich er in den Stall, setzte sich auf sein Füllen und ritt hinaus auf die Wiese, wo er die Tochter der Blumenkönigin erwartete. Gegen Mitternacht erschien die schönste Jungfrau. Der Königssohn hob sie vor sich auf das Pferd, und schnell wie der Wind ging es dem Palast der Blumenkönigin zu, den sie glücklich erreichten. Aber die sieben Drachen hatten ihre Flucht bemerkt und weckten ihren Bruder aus dem Jahresschlaf. Brüllend rückten sie nun heran und wollten den Palast der Blumenkönigin stürmen. Die aber ließ einen himmelhohen Wall ringsum emporwachsen, den kein Wesen durchdringen konnte. Und so mußten die Drachen umkehren.

Als nun die Blumenkönigin hörte, daß ihre Tochter die Frau des Prinzen werden sollte, sprach sie: »Gern willige ich in eure Heirat ein, doch nur die Hälfte des Jahres darf meine Tochter bei dir sein. Die andere Hälfte, wenn Schnee die Erde bedeckt, muß sie bei mir leben.« Der Königssohn war einverstanden, und er führte die schöne Prinzessin heim in sein Reich. Dort wurde die Hochzeit gefeiert. Das Paar lebte glücklich miteinander: die Hälfte des Jahres im Königreich, die andere Hälfte im Reich der Mutter. Dies geschah so, wie ihr ein- und ausatmet, und jedermann war dort glücklich.

Aus: »*Die Wunderblume*«, Berlin 1961, siehe Lit.

JANIČEK MIT DEM KRÄNZCHEN

Es war einmal ein König, der hatte eine sehr schöne Tochter. Eines Tages lud er alle Fürsten im weiten Umkreis zu drei großen Festen ein, damit die Prinzessin sich den rechten Gemahl wählen könne. Alle bereiteten sich darauf vor. Aber einer der Prinzen zog sich sogleich Schäferkleidung an: den Hut mit breiter Krempe, Hosen bis zum Knie und einen braunen Kittel, dazu eine Kiepe, eine Keule und eine Lanze gegen die wilden Tiere. Er nahm vier Laib Brot mit und machte sich auf den Weg. Bald traf er einen Bettler, der ihn um ein Stück Brot bat. Er gab ihm einen Laib und wanderte weiter. Bald traf er wieder einen Bettler, der ihn auch um ein Stück Brot bat. Er gab ihm den zweiten Laib und wanderte weiter. Nach einer Zeit traf er wieder einen Bettler, der ihn um ein Stück Brot bat, und er gab ihm den dritten Laib Brot. Wieder wanderte er weiter, und endlich traf er den vierten Bettler, der ihn um ein Stück Brot bat. Er gab ihm den letzten Laib Brot. Da sagte der Bettler: »Hier hast du eine Peitsche, eine Flöte, einen Eßbeutel und einen Stock. Wen du mit dieser Peitsche schlägst, der bleibt besiegt, wenn du im Recht bist. Bläst du auf der Flöte, so tanzen alle deine Schafe. Tust du Brot und Käse in den Eßbeutel, so geht es dir nicht aus. Und steckst du den Stock in die Erde, so bleiben deine Schafe ringsherum und weiden.«

Der Prinz dankte und wanderte weiter und kam in das Schloß, in dem die schöne Prinzessin lebte. Dort bat er um einen Dienst als Schäfer. Er wurde Hirte des Königs, und man nannte ihn Jan, das ist dasselbe wie Johannes. Er trieb die Schafherde auf die Weide und hütete sie. Als ein Jäger vorbeikam, bat er ihn, eine Weile für ihn die Schafe zu hüten und gegen die Wölfe zu schützen, denn er selbst müsse in den Wald wandern und heilende Kräuter sammeln. Er gab dem Jäger Käse und Brot und ging fort. Er wanderte weit in den dunklen Wald hinein, bis er an einen hohen Berg kam. Darin fand er eine Höhle und ging hinein, und tief im Innern wurde es hell, und ein Schloß stand da in einem großen Garten. Er ging in das Schloß und fand einen Riesen dort stehen und sich in einem Tiegel sein Essen braten. Als der Riese den Jan sah, ergriff er seine Eisenkeule, um ihn zu erschlagen. Er rief: »Was suchst du hier, du Wurm?« Aber Jan zögerte nicht und gab ihm mit der Peitsche des Bettlers einen Schlag, und der Riese fiel um. Dann kehrte Jan zu der Schafherde zurück.

Am nächsten Tag ging er wieder in den Wald, in die Höhle und zu dem Schloß. Da fand er einen zweiten Riesen, der sich im Tiegel das Essen briet. Als er Jan sah, rief er: »Kommst du Wurm noch einmal, der du meinen Bruder erschlagen hast?« Und er stürzte sich mit seiner Eisenkeule auf ihn. Jan aber schwang die Peitsche des Bettlers und besiegte ihn. Dann ging er wieder zurück zu der Schafherde des Königs. Als er am dritten Tag wieder in den Berg ging, war niemand mehr zu sehen. Er wanderte durch alle Räume und fand ein eisernes Kästchen auf dem Tisch. Mit der Hand schlug er darauf, um zu sehen, ob es wohl aufspränge. Sogleich sprangen zwei Männer heraus und riefen:

»Was will der Herr im Schloß?«

Jan antwortete: »Ich möchte alles sehen, was es hier gibt.« Die beiden Männer führten ihn in den Garten, wo die schönsten Blumen und Kräuter blühten. Jan pflückte davon und wand sie zu einem Kränzchen. Dann kehrte er zurück zu der Schafherde des Königs und führte sie heim. Als er sie durch die Stadt trieb, duftete das Kränzchen sehr. Er blies auf seiner Flöte, und alle seine Schafe hüpften und tanzten. Die Prinzessin schaute aus dem Fenster und lachte, und sie atmete den herrlichen Duft des Kranzes und sah seine Blüten. Da schickte sie ihren Diener aus, Jan solle ihr das Kränzchen schenken.

Aber Jan antwortete: »Wer das Kränzchen haben will, muß selber kommen und sagen: ›Janiček, gib mir das Kränzchen!‹«

Da kam die Prinzessin und sagte: »Janiček, gib mir das Kränzchen!« Er aber antwortete: »Wer das Kränzchen haben will, muß sagen: ›Janiček, ich bitte dich, gib mir das Kränzchen!‹«

Die Prinzessin sagte sofort: »Janiček, ich bitte dich, gib mir das Kränzchen!« Und er gab es ihr.

Am nächsten Tag ging er wieder in den Berg im Wald und in das

Schloß und den Garten und wand ein noch viel schöneres Kränzchen, das doppelt so lieblich duftete. Als er abends die Schafe heimtrieb, stand die Prinzessin schon am Fenster und schaute nach ihm aus. Der Duft des Kränzchens erfüllte die ganze Stadt. Schnell lief sie zu ihm und sagte: »Janiček, ich bitte dich, gib mir das Kränzchen!«

Er aber sagte: »Wer das Kränzchen haben will, muß sagen: ›Lieber Janiček, ich bitte dich schön, gib mir das Kränzchen!‹« Und die Prinzessin sagte zu ihm: »Lieber Janiček, ich bitte dich schön, gib mir das Kränzchen!« Er gab es ihr, und sie hängte es in das Fenster. Herrlicher Duft erfüllte die ganze Stadt, so daß die Menschen kamen, um das Kränzchen zu sehen und von dem Duft der Pflanzen gesund zu werden.

Am dritten Tag wand Jan ein dreimal so schönes Kränzchen im Garten im Waldinnern, das aber schenkte er der Prinzessin, als er mit der Herde heimkehrte in die Stadt.

Am nächsten Tag ging er wieder in den Berg und in das Schloß, nahm Goldstücke von einem Haufen und brachte sie dem Jäger, der für ihn die Schafe vor den Wölfen geschützt hatte. Er dankte ihm und sagte dazu: »Diese blanken Stücke fand ich unter einer Tanne, ihr könnt sie daheim euren Kindern zum Spielen geben!«

Als er diesmal abends die Schafe heimtrieb, hörte er, daß am anderen Tag die Fürsten zum ersten Fest kommen würden, um die Prinzessin zu sehen. Sie aber werde einen Ring und ein Tüchlein dem geben, der ihr am besten gefiel.

Am Morgen trieb Jan die Schafherde wieder auf die Weide und hütete sie. An diesem Tag kamen die Prinzen, schnell wie der Wind kamen sie geritten, denn jeder wollte der erste und mutigste sein. Dann standen sie und warteten. Jan hütete noch die Schafe. Er steckte den Stock des Bettlers in die Erde, damit die Schafe ringsherum blieben, und ging in den Berg. Er schlug auf das Kästchen, da sprangen die beiden Männer heraus und riefen: »Was will der Herr im Schloß?«

Jan antwortete: »Ich will ein weißes Pferd mit silbernen Hufen und Beschlägen und ein weißes Gewand.«

Er bekam alles und ritt ins Schloß, blieb aber hinter den anderen

Prinzen. Alle ritten nun in Pracht und Stolz an der Prinzessin vorbei, sie aber gab ihr Tüchlein nur dem weißen Ritter, und das war Jan.

Als das Fest vorüber war, ritt Jan wieder in den Wald und trieb die Schafe heim. Da kam die Prinzessin und sagte: »Jan, warst du es?« Er aber leugnete, wo sollte er denn solche Gewänder herhaben, fragte er.

Die Prinzessin ließ es dabei und meinte, beim nächsten Fest nach einem Monat würde es sich schon zeigen.

Wieder kamen die Prinzen angeritten zum zweiten Fest. Jan aber ging in das Schloß im Berg, schlug auf das Kästchen, da sprangen die beiden Männer hervor und riefen: »Was will der Herr im Schloß?«

Jan sagte: »Ich will ein rotes Gewand und ein rotes Pferd mit goldenen Hufen und Beschlägen.«

Er bekam beides und ritt zur Prinzessin, blieb aber wieder als letzter hinter den anderen Prinzen. Alle ritten im schönsten Staat vorbei, aber die Prinzessin gab ihr Tüchlein nur Jan. Nach dem Fest ritt er rasch wieder zurück in den Wald auf seinem roten Pferd. Der König hatte befohlen, ihn festzuhalten, aber es gelang niemandem.

Als Jan die Schafe heimtrieb, kam die Prinzessin wieder zu ihm und fragte: »Janiček, bist du es gewesen?« Er aber leugnete und tat erzürnt – er habe die Herde nicht im Stich gelassen. Die Prinzessin sagte: »Wenn die Fürsten nach einem Monat zum dritten Fest kommen, wird man alles erkennen!«

Und zum drittenmal kamen die Prinzen zum Fest. Jan hörte es, während er seine Herde hütete. Schnell steckte er den Stock des Bettlers in die Erde und ging in den Berg, schlug auf das Kästchen, und sogleich sprangen die beiden Männer hervor: »Was will der Herr im Schloß?« riefen sie.

Jan sagte: »Ich will ein schwarzes Gewand und ein schwarzes Pferd mit diamantnen Hufen und Beschlägen.«

Er bekam alles und ritt zum Königsschloß, blieb aber als letzter hinter den anderen. Alle ritten in voller Pracht an der Prinzessin vorbei, sie aber gab ihr Tüchlein und den Ring an Jan. Alle waren bereit, ihn festzuhalten, aber schnell wie der Wind entfloh er ihnen, nur einer konnte ihn am Bein verletzen. Jan ritt in den Wald und ging zu seinen Schafen und legte sich ins Gras. Das Tüchlein der Prinzessin band er um die Wunde am Bein und schlief ein.

Diesmal aber kam die Prinzessin hinaus aufs Feld vorm Wald, sie sah ihn schlafen und erkannte ihr Tüchlein über der Wunde, die der Verfolger geschlagen hatte. Da weckte sie ihn und sagte:

»Willkommen, Jan, du bist es!«

Jetzt leugnete er nicht mehr und berichtete alles, und die Prinzessin führte ihn zu ihrem Vater, dem König, und bald darauf wurde die Hochzeit gefeiert. Beide besuchten das Schloß im Berg, sooft sie Rat brauchten. Allen Prinzen aber tat es leid, daß ein anderer sie gefreit!

Aus: *»Tschechische Volksmärchen«*, Berlin 1961.

STATT EINES NACHWORTS

zum Thema zitiert: Rudolf Steiner

»Die imaginative Erkenntnis arbeitet hinunter auf den Ätherleib und wirkt von da auf das Blut, und dieses ist der Vermittler, der umgestaltend wirkt auf den Organismus. Immer fähiger wird der Mensch, durch seinen Ätherleib an seinem Organismus zu arbeiten. Alle imaginative Erkenntnis, die von der Wahrheit ausgeht, ist zu gleicher Zeit gesundend und heilsam; sie macht das Blut in seinem Kreislauf gesund. Der beste Erzieher ist die imaginative Erkenntnis, wenn der Mensch nur stark und hingebungsvoll genug ist, daß sie auf ihn wirken kann.« (Rudolf Steiner, »Die Theosophie des Rosenkreuzers«, GA 99, 14. Vortrag München, 6. 6. 1907.)

»So wie man dem Denken jene Abstraktheit abstreift, die es für unser Bewußtsein hat, und untertaucht in jenes Meer der webenden Gedankenwelt, kommt man in die Notwendigkeit, da drinnen nicht nur solche abstrakte Gedanken zu haben wie der Erdenmensch, sondern da drinnen Bilder zu haben. Denn aus Bildern ist alles geschaffen, Bilder sind die wahren Ursachen der Dinge, Bilder liegen hinter allem, was uns umgibt, und in diese Bilder tauchen wir ein, wenn wir in das Meer des Denkens eintauchen. Diese Bilder hat Platon gemeint, diese Bilder haben alle gemeint, die von geistigen Urgründen gesprochen haben, diese Bilder hat Goethe gemeint, wenn er von seiner Urpflanze sprach. Diese Bilder findet man im imaginativen Denken. Aber dieses imaginative Denken ist eine Wirklichkeit, und darin tauchen wir ein, wenn wir in das wogende, im Strom der Zeit dahingehende Denken eintauchen.« (Rudolf Steiner, »Menschenschicksale und Völkerschicksale«, GA 157, 14. Vortrag Berlin, 6. 7. 1915.)

»In allen Religionen wird in Bildern gesprochen. Das Bild ist für den Menschen zunächst das Untergeordnete, aber wenn der Mensch versteht, aus jedem Gedanken selbst wieder ein Bild zu machen, dann ist er auf einer höheren Stufe angelangt. Dies ist die Vorbedingung zu einer ganz neuen Art von Wahrnehmung. Tatsächlich kommt es darauf an, daß der Mensch sich dazu entwikkelt, nicht mehr bloß abstrakt zu denken, sondern seine Gedanken jedesmal im Bilde zu haben.

Der Mensch formt in der Regel bloß Gedanken. Der sich höher entwickelnde Mensch muß in Bildern denken, das heißt imaginieren. ... In der Phantasie, beim Dichter und Künstler, finden wir nur ein ganz schwaches Abbild von der Imagination. Wenn der Mensch, der sich so höher zu entwickeln sucht, spricht, wird er bei besonderen Anlässen versuchen, bei seinem Sprechen das Gegenbild vor sich zu haben, die Imago. Daher die großen, gewaltigen Bilder in den religiösen Schriften.« (Rudolf Steiner, »Grundelemente der Esoterik, Notizen von einem esoterischen Lehrgang«, GA 93a, Berlin, 12. 10. 1905.)

»... Wir lernen die Bilder handhaben, wie wir sonst unser Seelenleben handhaben lernen. Dadurch erweitert sich das bloße Bildleben zu dem Leben, das ich ... nenne die inspirierte Erkenntnis. Die Wesenheit der geistigen Welt beginnt durch die Imagination zu sprechen, kündigt sich an in ihrer unmittelbaren Wirklichkeit. Die Imaginationen sind zunächst Bilder; aber die Menschenseele durchdringt das Denken, das schon im Nichtsein scheitern wollte, mit dem Willenserlebnis. Und als Schluß begegnet man dem Willen. Im Übersinnlichen stößt unser übersinnlicher Wille an den übersinnlichen Willen der geistigen Welten und Wesen: Inspiration, inspirierte Erkenntnis tritt für uns ein. Und der ganze Gang der Imagination und Inspiration kann sich nun auch ins Bewußtsein heraufheben. Ich nenne *das Heraufheben von Imagination und Inspiration ins Bewußtsein* die wahre *Intuition*, nicht jene nebulose Intuition, von der man oftmals in dem alltäglichen Bewußtsein spricht, sondern die wahre Intuition, das Drinnenstehen in der geistigen Welt.« (Rudolf Steiner, »Die Ergänzung heutiger Wissenschaften durch Anthroposophie«, Bibl. Nr. 73, Zürich, Nov. 1917/Okt. 1918. 5., Vortrag.)

»Bei Begriffen und Ideen hat der Mensch die Meinung, daß er, wenn er den Begriff in sich aufgenommen hat, alles durchschaut habe, was in Betracht kommt. Bei dem Bilde, bei der Imagination, kann man eine solche Meinung nicht haben. Das Bild, die Imagination wirkt lebendig. Man möchte sagen, sie wirkt lebendig wie ein lebendes Wesen selber, sagen wir, ein lebendes Wesen wie der Mensch. Man mag es von dieser oder jener Seite kennengelernt haben, man wird aber immer wieder ... neue Seiten kennenlernen. Und man wird sich nicht begnügen mit allerlei Definitionen, die die Sache umfassen sollen, sondern man wird sich aufschwingen wollen zu Charakteristiken, die von verschiedenen Seiten her dem Bilde beizukommen streben und die das Bild immer mehr und mehr zur Erkenntnis des Menschen bringen.« (Rudolf Steiner, Dornach, 7. 5. 1923. »Das Pfingstgeheimnis in seinem Anschluß an die Himmelfahrtsoffenbarung«, GA 224.)

Nachdem Rudolf Steiner von den verschiedenen Ebenen der übersinnlichen Welt berichtete, ihrem Wirken in und ihrem Wahrnehmen durch den menschlichen Organismus: also von der elementarischen Welt im Aufbau der Sinnesorgane, der geistigen Welt im Aufbau der Nerven, der Vernunftwelt im Aufbau des Intellekts – wird die höhere Erkenntnis der Urbilder-Welt als Aufgabe gezeigt, für die die Sinnbilder der Imagination Übungen sind:

»Der Mensch muß also etwas tun, wenn er sich im wahren Sinn höherentwickeln will. Der Mensch muß etwas tun, um eine höhere Welt aufzuhalten, um aus einer höheren Welt herein Kräfte zu bekommen, die sonst einfach durch ihn durchgehen. Denn die Kräfte der Urbilderwelt gehen einfach durch ihn durch. *Er muß nun selber einen Spiegelungsapparat schaffen.* In dem Sinn, wie das der heutige Mensch kann und soll, schafft zunächst einen solchen Spiegelungsapparat die geisteswissenschaftliche Methode, welche in der Bearbeitung der Seele behufs der Erkenntnis der höheren Welten ausgeht von der sogenannten imaginativen Erkenntnis. Was der Mensch gewöhnlich erkennt, das ist die äußere physische Erkenntnis. Wenn der Mensch zu höherer Erkenntnis gelangen will, dann muß er also etwas tun, um sich zunächst höhere Organe zu schaffen. Er muß eine höhere Welt, als die Vernunftwelt ist, in sich zum Stillstand bringen, und das geschieht dadurch, daß der Mensch eine neue Tätigkeit einführt in die Tätigkeiten, die er sonst immer ausführt. Sie können leicht begreifen, daß es unmöglich ist, mit demjenigen, was der Mensch sonst ausführt, zu höherer Erkenntnis zu kommen ...

Alle diese Sinnbilder bilden nichts Äußeres ab, aber wenn wir uns ihnen hingeben, wenn wir uns in innerer Versenkung der Bedeutung dieser Sinnbilder hingeben, die nichts Äußeres abspiegeln, dann bearbeiten wir unsere Seele so, daß sie gewöhnt wird an innere Tätigkeiten, die sie sonst nicht ausübt. Und die Summe dieser inneren Tätigkeiten, die sie sonst nicht ausübt, bildet endlich eine Art von innerer Kraft, wodurch wir zurückhalten können, ebenso wie wir die anderen Welten zurückhalten, dasjenige, was wir die Welt der Urbilder nennen ... Solche geistigen Sinnesorgane – in dem Wort liegt ja natürlich ein Widerspruch, aber wir haben keinen passenderen Ausdruck in der heutigen Sprache, die für die physisch-sinnliche Welt geprägt ist – bildet man also aus durch das innere Erfülltsein, durch das geduldig und energisch immer von neuem Erfülltsein mit solchen Sinnbildern oder ähnlichen Vorstellungen, die nichts Äußeres abbilden, sondern die in einer Weise, die sich unterscheidet von dem gewöhnlichen Erleben des Bewußtseins, in unserer Seele wirken und durch die wir Kräfte aus der Seele heraus aufrufen, die sich nun entgegenstemmen der Urbilderwelt, so wie sich entgegenstemmen Auge, Nerven und Gehirn den anderen Welten, die uns umgeben.« (Rudolf Steiner, »Makrokosmos und Mikrokosmos«, GA 119, 8. Vortrag Wien, 28. 3. 1910.)

– Hervorhebungen vom Verfasser –

– Altägyptische Märchen (Diederichs) Düsseldorf/Köln 1963
– Chinesische Volksmärchen (Diederichs) Jena 1914
– Die Erzählungen aus den 1001 Nächten, hrsg. u. übertr. von Enno Littmann (Insel, 6 Bde.) Wiesbaden 1953
– Grimms Kinder- und Hausmärchen (Diederichs, 2 Bde.) Jena 1942
– Inselmärchen des Mittelmeers (Diederichs) Düsseldorf/Köln 1960
– Iwan Johannes, Russische Märchen aus der Slg. Afanasjew, übers. von Friedel Lenz (Mellinger) Stuttgart 1957
– Die keltische Drachenmythe, übertr. von Friedel Lenz (Mellinger) Stuttgart 1961
– Die Kormorane von Utröst, Norwegische Märchen (Mellinger) Stuttgart 1965
– Märchen und Sagen (Richter) Hamburg 1892
– Der Mann in allen Farben, Märchen aus der Gascogne Stuttgart 1952
– Norwegische Märchen (Reclam UB 402) Stuttgart
– Spanische Märchen (Reclam UB 402) Düsseldorf/Köln 1961
– Tschechische Volksmärchen (Rütten + Loening) Berlin 1961
– Die Wunderblume und andere Märchen (Kultur + Fortschritt) Berlin 1961

– I Ging das Buch der Wandlungen, übertr. von Richard Wilhelm (Diederichs) Düsseldorf/Köln
– Das Totenbuch der Ägypter, übertr. u. erläut. von Erik Hornung (Artemis) Zürich 1979

– Apuleius: Metamorphosen oder Der goldene Esel, lat.-dt. übers. von Edward Brandt (Heimeran) München 1958
– Apuleius: Metamorphosen oder Der goldene Esel, lat.-dt. übers. von Rudolf Helm (Akademie) Berlin 1961

- Friedrich von der Leyen: Das deutsche Märchen (Diederichs) Düsseldorf 1964
- Max Lüthi: Das europäische Volksmärchen, Form und Wesen (Delphin TB, Francke) Bern/München 1947
- André Parrot: Sumer (C.H. Beck) München 1960
- Ortrud Stumpfe: Die Heroen Griechenlands, Einübung des Denkens von Theseus bis Odysseus (Aschendorff) Münster 1978
- Ortrud Stumpfe: Die Symbolsprache der Märchen (Aschendorff) Münster 1978
- Reinhard Schubart/Ortrud Stumpfe: Durch das Schachbrett fließt die Milchstraße, Antike im Gesetz des Kosmos (erscheint demnächst)

Werke Rudolf Steiner

- Die Ergänzungen heutiger Wissenschaften durch Anthroposophie, Vorträge Zürich 1917/1918 (GA 73), Dornach, 1. Aufl. 1973
- Exkurse in das Gebiet des Markus-Evangeliums, Vorträge div. Städte 1910/1911 (GA 123), Dornach, 3. Aufl. 1963
- Grundelemente der Esoterik, Notizen nach einem Vortrag Berlin 12. 10. 1905 (aus GA 93 a), Dornach, 2. Aufl. 1976
- Die Himmelfahrtsoffenbarung und das Pfingstgeheimnis, Vortrag Dornach 7. 5. 1923 (aus GA 224), Die menschliche Seele...), Dornach, 2. Aufl. 1983
- Das Initiatenbewußtsein, Vorträge Torquai, Aug. 1924 (GA 243), Dornach, 4. Aufl. 1983
- Konferenzen mit den Lehrern der Freien Waldorfschule 1919–1924, (GA 300 a–c, 3 Bände), Dornach, 1. Aufl. 1975
- Makrokosmos und Mikrokosmos, Vorträge Wien, März 1910 (GA 119), Dornach, 2. Aufl. 1962
- Menschenschicksale und Völkerschicksale, Vorträge Berlin 1915 (GA 157), Dornach, 3. Aufl. 1981

– Das Miterleben des Jahreslaufes in vier kosmischen Imaginationen, Vorträge Dornach, Okt. 1923 (GA 229), Dornach, 5. Aufl. 1980
– Der Orient im Lichte des Okzidents, Vortrag München 26. 8. 1909 (aus GA 113), Dornach, 5. Aufl. 1982
– Perspektiven der Menschheitsentwicklung, Vorträge Dornach, April/Juni 1921 (GA 204), Dornach, 1. Aufl. 1979
– Die Theosophie des Rosenkreuzers, Vorträge München Mai/Juni 1907 (GA 99), Dornach, 6. Aufl. 1979
– Die Welt der Sinne und die Welt des Geistes, Vorträge Hannover, Dez. 1911/Jan. 1912 (GA 124), Dornach, 4. Aufl. 1979
– Wendepunkte des Geisteslebens, Vorträge Berlin 1911/1912 (aus GA 60/61), Dornach, 1. Aufl. 1974 (TB 609)